读客文化

小李飞刀

多情剑客无情剑（一）

古 龙 著

文汇出版社

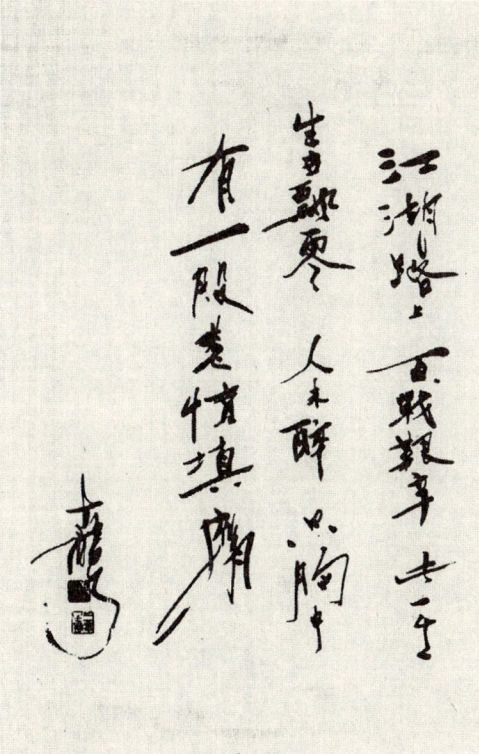

江湖路上百战艰辛,此一生生世飘零。人未醉,只胸中有一股悲愤填膺。——古龙

关于"小李飞刀"（代序）

小说不是用机器制作出来的，写小说通常都没有什么一定的规格和程序。有时候是先有故事才有人物，因为要编织一个故事的情节而制造出一些人物来；有时候却是先有人物才有故事，先想到了一个性格突出的人物，因为这个人物的性格思想行为，而产生故事。

《多情剑客无情剑》是属于后者的，"小李飞刀"在我心里已经构思了很久，开始时只有一个模糊的影子，慢慢才形成一个"人"。

等到我开始写他时，这个"人"已经有他自己独立的思想，他的行为几乎已不受我的控制——每一个写小说的人大概都有过这种经验，当书中的人物不受自己控制时，那种经验是非常奇妙的。

"小李飞刀"是个世家子，是位探花。

他有肺病，终日不停地咳嗽，他不能喝酒，却偏偏要终日不停地喝。

因为他的情绪总是很抑郁。

他的名字叫李寻欢，可是他所能寻找到的总是烦恼。

他时常委屈自己、牺牲自己去成全别人，可是他自己心里还是会因此而觉得很痛苦，因为他毕竟是个人，不是神。

只要是人，就难免有矛盾痛苦。

他做的事也许并不是他真心乐意做出来的，要一个人完全牺牲自己去成全别人绝不是件愉快的事，但他却毕竟还是去做了。

我认为这一点才是最重要的。

如果一个人只"想"而不"做"，无论他的想法多善良伟大，也没有用。

我写"小李飞刀"并不想把他写成一个完美无瑕的神。

我写的本来就是一个人，有血有肉有泪的人，有他的优点，也有他的缺点，人性中本来就有一些无法避免的弱点，谁也没法子否认。

没有人知道"小李飞刀"用的飞刀有多长多重，是什么样子，也没有人知道他用的是什么手法。

因为连我自己也不知道。

大多数事物在神秘朦胧中都会显得更完美，何况"小李飞刀"不仅是一种神秘武器而已，也是一种象征——一种精神力量的象征，一种正义之力的象征。

世界上有很多美好的事物，都因为这种力量才能存在至今。

我自己也不知道我写的这个人物是成功还是失败，虽然有很多人对他都很喜爱，可是自谦"读"我的小说已有十年的欧阳莹之先生却在一篇论文中说"小李飞刀"是个有点"矫情做作"的人，关于这一点，以后我将为文和欧阳先生讨论。

不管怎样，这个"人"至少还是有一点值得讨论的价值。

古　龙

一九七八年五月十六日晨

目 录

001 / 第一章 飞刀与快剑

018 / 第二章 海内存知己

037 / 第三章 宝物动人心

056 / 第四章 美色惑人意

072 / 第五章 风雪夜追人

090 / 第六章 醉乡遇救星

109 / 第七章 误伤故人子

126 / 第八章 往事不可追

146 / 第九章 何处不相逢

161 / 第十章 十八年旧怨

180 / 第十一章　天外来救星

198 / 第十二章　同是断肠人

214 / 第十三章　无妄之灾

234 / 第十四章　有口难言

249 / 第十五章　情深意重

268 / 第十六章　假仁假义

282 / 第十七章　原形毕露

第一章

飞刀与快剑

冷风如刀,以大地为砧板,视众生为鱼肉。万里飞雪,将穹苍作洪炉,熔万物为白银。

雪将住,风未定,一辆马车自北而来,滚动的车轮辗碎了地上的冰雪,却辗不碎天地间的寂寞。

李寻欢打了个呵欠,将两条长腿在柔软的貂皮上尽量伸直,车厢里虽然很温暖、很舒服,但这段旅途实在太长、太寂寞,他不但已觉得疲倦,而且觉得厌恶,他平生最厌恶的就是寂寞,但他却偏偏时常与寂寞为伍。

"人生本就充满了矛盾,任何人都无可奈何。"

李寻欢叹了口气,自角落中摸出个酒瓶,他大口地喝着酒时,也大声地咳嗽起来,不停地咳嗽使得他苍白的脸上,泛起一种病态的嫣红,就仿佛地狱中的火焰,正在焚烧着他的肉体与灵魂。

酒瓶空了,他就拿起把小刀,开始雕刻一个人像,刀锋薄而锋锐,他的手指修长而有力。

这是个女人的人像,在他纯熟的手法下,这人像的轮廓和线条看来是那么柔和而优美,看来就像是活的。

他不但给了"她"动人的线条，也给了她生命和灵魂，只因他的生命和灵魂已悄悄地自刀锋下溜走。

他已不再年轻。

他眼角布满了皱纹，每一条皱纹里都蓄满了他生命中的忧患和不幸，只有他的眼睛，却是年轻的。

这是双奇异的眼睛，竟仿佛是碧绿色的，仿佛春风吹动的柳枝，温柔而灵活，又仿佛夏日阳光下的海水，充满了令人愉快的活力。

也许就因为这双眼睛，才使他能活到如今。

现在人像终于完成了，他痴痴地瞧着这人像，也不知瞧了多少时候，然后他突然推开车门，跳了下去。

赶车的大汉立刻吆喝一声，勒住车马。

这大汉满面虬髯，目光就如鸷鹰般锐利，但等到他目光移向李寻欢时，立刻就变得柔和起来，而且充满了忠诚的同情，就好像一条恶犬在望着它的主人。

李寻欢竟在雪地上挖了个坑，将那刚雕好的人像深深地埋了下去，然后，他就痴痴地站在雪堆前。

他的手指已被冻僵，脸已被冻得发红，身上也落满了雪花，但他却一点也不觉得冷。这雪堆里埋着的，就像是一个他最亲近的人，当他将"她"埋下去时，他自己的生命也就变得毫无意义。

若是换了别人，见到他这种举动，一定会觉得很惊奇，但那赶车的大汉却似已见惯了，只是柔声道："天已快黑了，前面的路还很远，少爷你快上车吧！"

李寻欢缓缓转回身，就发现车辙旁居然还有一行足印，自遥远的北方孤独地走到这里来，又孤独地走向前方。

脚印很深，显然这人已不知走过多少路了，已走得精疲力竭，但他却还是绝不肯停下来休息。

李寻欢长长叹了口气，喃喃道："这种天气，想不到竟还有人在冰天雪地里奔波受苦，我想他一定是很孤独、很可怜的人。"

那虬髯大汉没有说什么，心里却在暗暗叹息："你难道不也是个很孤独、很可怜的人么？你为何总是只知道同情别人，却忘了自己……"

车座下有很多块坚实的松木，李寻欢又开始雕刻，他的手法精练而纯熟，因为他所雕刻的永远是同一个人。

这个人不但已占据了他的心，也占据了他的躯壳。

雪，终于停了，天地间的寒气却更重，寂寞也更浓，幸好这里风中已传来一阵人的脚步声。

这声音虽然比马蹄声轻得多，但却是李寻欢正在期待着的声音，所以这声音无论多么轻微，他也绝不会错过。

于是他就掀起那用貂皮做成的帘子，推开窗户。

他立刻就见到了走在前面的那孤独的人影。

这人走得很慢，但却绝不停顿，虽然听到了车辚马嘶声，但却绝不回头！他既没有带伞，也没有戴帽子，融化了的冰雪，沿着他的脸流到他脖子里，他身上只穿件很单薄的衣服。

但他的背脊仍然挺得笔直，他的人就像是铁打的，冰雪、严寒、疲倦、劳累、饥饿，都不能令他屈服。

没有任何事能令他屈服！

马车赶到前面时，李寻欢才瞧见他的脸。

他的眉很浓，眼睛很大，薄薄的嘴唇紧紧抿成了一条线，挺直的鼻子使他的脸看来更瘦削。

这张脸使人很容易就会联想到花岗石，倔强、坚定、冷漠，对任何事都漠不关心，甚至对他自己。

但这却也是李寻欢平生所见到的最英俊的一张脸，虽然还太年轻了些，还不够成熟，但却已有种足够吸引人的魅力。

李寻欢目光中似乎有了笑意，他推开车门，道："上车来，我载你一段路。"

他的话一向说得很简单，很有力，在这一望无际的冰天雪地中，他这提议实在是任何人都无法拒绝的。

谁知这少年连看都没有看他一眼，脚步更没有停下来，像是根本没有听到有人在说话。

李寻欢道："你是聋子？"

少年的手忽然握起了腰畔的剑柄，他的手已冻得比鱼的肉还白，但动作却仍然很灵活。

李寻欢笑了，道："原来你不是聋子，那么就上来喝口酒吧，一口酒对任何人都不会有害处的！"

少年忽然道："我喝不起。"

他居然会说这么样一句话来，李寻欢连眼角的皱纹里都有了笑意，但他并没有笑出来，却柔声道："我请你喝酒，用不着你花钱买。"

少年道:"不是我自己买来的东西,我绝不要;不是我自己买来的酒,我也绝不喝……我的话已经说得够清楚了么?"

李寻欢道:"够清楚了。"

少年道:"好,你走吧。"

李寻欢沉默了很久,忽然一笑,道:"好,我走,但等你买得起酒的时候,你肯请我喝一杯么?"

少年瞪了他一眼,道:"好,我请你。"

李寻欢大笑着,马车已急驰而去,渐渐又瞧不见那少年的人影了,李寻欢还在笑着道:"你可曾见过如此奇怪的少年么?我本来以为他必定已饱经沧桑,谁知他说的话却那么天真,那么老实。"

赶车的那虬髯大汉淡淡道:"他只不过是个倔强的孩子而已。"

李寻欢道:"你可瞧见他腰带上插着的那柄剑么?"

虬髯大汉目中也有了笑意,道:"那也能算是一柄剑么?"

严格说来,那实在不能算是一柄剑,那只是一条三尺多长的铁片,既没有剑锋,也没有剑锷,甚至连剑柄都没有,只用两片软木钉在上面,就算是剑柄了。

虬髯大汉含笑接着道:"依我看来,那也只不过是个小孩子的玩具而已。"

这次李寻欢非但没有笑,反而叹了口气,喃喃道:"依我看来,这玩具却危险得很,还是莫要去玩它的好。"

小镇上的客栈本就不大,这时住满了被风雪所阻的旅客，就显得分外拥挤，分外热闹。

院子里堆着十几辆用草席盖着的空镖车，草席上也积满了雪。东面的屋檐下，斜插着一面酱色镶金边的镖旗，被风吹得猎猎作响，使人几乎分辨不出用金线绣在上面的是老虎，还是狮子。

客栈前面的饭铺里，不时有穿着羊皮袄的大汉进进出出，有的喝了几杯酒，就故意敞开衣襟，表示他们不怕冷。

李寻欢到这里的时候，客栈里连一张空铺都没有了，但他一点也不着急，因为他知道这世上用金钱买不到的东西毕竟不多，所以他就先在饭铺里找了张角落里的桌子，要了壶酒，慢慢地喝着。

他酒喝得并不快，但却可以不停地喝几天几夜。他不停地喝酒，不停地咳嗽，天已渐渐黑了。

那虬髯大汉已走了进来，站在他身后，道："南面的上房已空出来了，也已打扫干净，少爷随时都可以休息。"

李寻欢像是早已知道他一定会将这件事办好似的，只点了点头，过了半晌，那虬髯大汉忽然又道："金狮镖局也有人住在这客栈里，像是刚从口外押镖回来。"

李寻欢道："哦！押镖的是谁？"

虬髯大汉道："就是那'急风剑'诸葛雷。"

李寻欢皱眉，又笑道："这狂徒，居然能活到现在，倒也不容易。"

他嘴里虽在和后面的人说话，眼睛却一直盯着前面那掩着棉布帘子的门，仿佛在等着什么人似的。

虬髯大汉道："那孩子的脚程不快，只怕要等到起更时才能赶到这里。"

李寻欢笑了笑，道："我看他也不是走不快，只不过是不肯浪费体力而已，你看见过一匹狼在雪地上走路么？假如前面没有它的猎物，后面又没有追兵，它一定不肯走快的，因为它觉得光将力气用在走路上，未免太可惜了。"

虬髯大汉也笑了，道："但那孩子却并不是一匹狼。"

李寻欢不再说什么，因为这时他又咳嗽了起来。

然后，他就看到三个人从后面的一道门走进了这饭铺，三个人说话的声音都很大，正在谈论着那些刀头舐血的江湖勾当，像是生怕别人不知道他们就是"金狮镖局"的大镖头。

李寻欢认得其中那紫红脸的胖子就是"急风剑"，但却似不愿被对方认出他，于是他就又低下头雕他的人像。

幸好诸葛雷到了这小镇之后，根本就没有正眼瞧过人，他们很快地要来了酒菜，开始大吃大喝起来。

可是酒菜并不能塞住他们的嘴，喝了几杯酒之后，诸葛雷更是豪气干云，大声地笑着："老二，你还记得那天咱们在太行山下遇见'太行四虎'的事么？"

另一人笑道："俺怎么不记得，那天太行四虎竟敢来动大哥保的那批红货，四个人耀武扬威，还说什么：'只要你诸葛雷在地上爬一圈，咱们兄弟立刻放你过山，否则咱们非但要留下你的红货,还要留下你的脑袋。'"

第三人也大笑道:"谁知他们的刀还未砍下,大哥的剑已刺穿了他们的喉咙。"

第二人道:"不是俺赵老二吹牛,若论掌力之雄厚,自然得数咱们的总镖头'金狮掌',但若论剑法之快,当今天下只怕再也没有人比得上咱们大哥了!"

诸葛雷举杯大笑,但是他的笑声忽然停顿了,他只见那厚厚的棉布帘子忽然被风卷起。

两条人影,像是雪片般被风吹了进来。

这两人身上都披着鲜红的披风,头上戴着宽边的雪笠,两人几乎长得同样形状,同样高矮。

大家虽然看不到他们的面目,但见到他们这身出众的轻功,夺目的打扮,已不觉瞧得眼睛发直了。

只有李寻欢的眼睛,却一直在瞪着门外,因为方才门帘被吹起的时候,他已瞧见了那孤独的少年。

那少年就站在门外,而且像是已站了很久,就正如一匹孤独的野狼似的,虽然留恋着门里的温暖,却又畏惧那耀眼的火光,所以他既舍不得走开,却又不敢闯入这人的世界来。

李寻欢轻轻叹了口气,目光这才转到两人的身上。

只见这两人已缓缓摘下雪笠,露出了两张枯黄瘦削而又丑陋的脸,看来就像是两个黄蜡的人头。

他们的耳朵都很小,鼻子却很大,几乎占据了一张脸的三分之一,将眼睛都挤到耳朵旁边去了。

但他们的目光却毒恶而锐利，就像是响尾蛇的眼睛。

然后，他们又开始将披风脱了下来，露出了里面一身漆黑的紧身衣服，原来他们的身子也像是毒蛇，细长、坚韧，随时随地都在蠕动着，而且还黏而潮湿，叫人看了既不免害怕，又觉得恶心。

这两人长得几乎完全一模一样，只不过左面的人脸色苍白，右面的人脸色却黑如锅底。他们的动作都十分缓慢，缓缓脱下了披风，缓缓叠了起来，缓缓走过柜台，然后，两人一起缓缓走到诸葛雷面前！

饭铺里静得连李寻欢削木头的声音都听得见，诸葛雷虽想装作没有看到这两人，却实在办不到。

那两人只是瞬也不瞬地盯着他，那眼色就像是两把蘸着油的湿刷子，在诸葛雷身上刷来刷去。

诸葛雷只有站起来，勉强笑道："两位高姓大名？恕在下眼拙……"

那脸色苍白的人蛇忽然道："你就是'急风剑'诸葛雷？"

他的声音尖锐、急促，而且还在不停地颤抖着，也就像是响尾蛇发出的声音。诸葛雷听得全身汗毛都悚栗起来，道："不……不敢。"

那脸色黝黑的人蛇冷笑道："就凭你，也配称急风剑？"

他的手一抖，掌中忽然多了柄漆黑细长的软剑，迎面又一抖这柄腰带般的软剑，已抖得笔直。

他用这柄剑指着诸葛雷，一字字道："留下你从口外带回来的那包东西，就饶你的命！"

那赵老二忽然长身而起，赔笑道："两位只怕是弄错了，咱们这趟镖是在口外交的货，现在镖车已空了，什么东西都没有，两位……"

他的话还未说完，那人掌中黑蛇般的剑已缠住了他的脖子，剑柄轻轻一带，赵老二的人头就忽然凭空跳了起来。

接着，一股鲜血自他脖子里冲出，冲得这人头在半空中又翻了两个身，然后，鲜血才雨点般落下，一点点洒在诸葛雷身上。

每个人的眼睛都瞧直了，两条腿却在不停地弹琵琶。

但诸葛雷能活到现在还没有死，毕竟是有两手的，他忽然自怀中掏出了个黄布包袱，抛在桌上，道："两位的招子果然亮，咱们这次的确从口外带了包东西回来，但两位就想这样带走，只怕还办不到。"

那黑蛇阴恻恻一笑，道："你想怎样？"

诸葛雷道："两位好歹总得留两手真功夫下来，叫在下回去也好有个交代。"

他嘴里说着话，人已退后七步，忽然"锵"的一声拔出了剑，别人只道他是要和对方拼命了。

谁知他却一反手，将旁边桌上的一碟菜挑了起来，碟子里装的是炸虾球，虾球也立刻飞了起来。

只听剑风嘶嘶，剑光如匹练一转，十多个炸虾球竟都被他斩为两半，纷纷落在地上。

诸葛雷面露得色，道："只要两位能照样玩一手，我立刻就将这包东西奉上，否则就请两位走吧。"

他这手剑法实在不弱，话也说得很漂亮，但李寻欢却在暗暗好笑，他这么样一做，别人也就只能斩虾球，不能斩他的脑袋了，他无论是胜是负，至少已先将自己的性命保住了。

黑蛇咯咯笑道："这只能算是厨子的手艺，也能算武功么？"

说到这里，他长长吸了口气，刚落到地上的虾球，竟又飘飘地飞了起来，然后，只见乌黑的光芒一闪，满天的虾球忽然全都不见了，原来竟已全都被他穿在剑上。就算不懂武功的人，也知道剑劈虾球虽也不容易，但若想将虾球用剑穿起来，那手劲，那眼力，更不知要困难多少倍。

诸葛雷面色如土，因为他见到这手剑法，已忽然想起两人来，他脚下又悄悄退了几步，才嗫声道："两位莫非就是……就是碧血双蛇么？"

听到"碧血双蛇"这四个字，另一个已被吓得面无人色的镖师，忽然就溜到桌子下面去了。

就连李寻欢身后那虬髯大汉，也不禁皱了皱眉，因为他也知道近年黄河一带的黑道朋友，若论心之黑、手之辣，实在很少有人能在这"碧血双蛇"之上，听说他们身上披的那件红披风，就是用鲜血染成的。

可是他听到的还是不多，因为真正知道"碧血双蛇"做过什么事的人，十人中倒有九人的脑袋已搬家了。

只听那黑蛇嘿嘿一笑，道："你还是认出了我们，总算眼睛还没有瞎。"

诸葛雷咬了咬牙,道:"既然是两位看上了这包东西,在下还有什么话好说的,两位就请……就请拿去吧。"

白蛇忽然道:"你若肯在地上爬一圈,咱们兄弟立刻就放你走,否则咱们非但要留下你的包袱,还要留下你的脑袋。"

这句话正是诸葛雷他们方才在自吹自擂时说出来的,此刻自这白蛇口中说出,每个字都变得像是一把刀。

诸葛雷面上一阵青、一阵白,怔了半晌,忽然趴在地上,居然真的围着桌子爬了一圈。

李寻欢到这时才忍不住叹了口气,喃喃道:"原来这人脾气已变了,难怪他能活到现在。"

他说话的声音极小,但黑白双蛇的眼睛已一起向他瞪了过来,他却似乎没有看见,还是在雕他的人像。

白蛇阴恻恻一笑,道:"原来此地竟还有高人,我兄弟倒险些看走眼了。"

黑蛇狞笑道:"这包袱是人家情愿送给咱们的,只要有人的剑法比我兄弟更快,我兄弟也情愿将这包袱双手奉上。"

白蛇的手一抖,掌中也多了柄毒蛇般的软剑,剑光却如白虹般炫人眼目,他迎风亮剑,傲然道:"只要有比我兄弟更快的剑,我兄弟非但将这包袱送给他,连脑袋也送给他!"

他们的眼睛毒蛇般盯在李寻欢脸上,李寻欢却在专心刻他的木头,仿佛根本听不懂他们在说什么。

但门外却忽然有人大声道:"你的脑袋能值几两银子?"

听到了这句话,李寻欢似乎觉得很惊讶,但也很欢喜,他抬起头,那少年终于走进了这屋子。

他身上的衣服还没有干透,有的甚至已结成冰屑,但他的身子还是挺得笔直,直得就像标枪。

他的脸看来仍是那么孤独,那么倔强。

他的眼里永远带着种不可屈服的野性,像是随时都在准备争斗、反叛,令人不敢去亲近他。

但最令人注意的,还是他腰带上插着的那柄剑。

瞧见这柄剑,白蛇目中的惊怒已变为讪笑,咯咯笑道:"方才那句话是你说的么?"

少年道:"是。"

白蛇道:"你想买我的脑袋?"

少年道:"我只想知道它能值几两银子,因为我要将它卖给你自己。"

白蛇怔了怔,道:"卖给我自己?"

少年道:"不错,因为我既不想要这包袱,也不想要这脑袋。"

白蛇道:"如此说来,你是想来找我比剑了。"

少年道:"是。"

白蛇上上下下望了他几眼,又瞧了瞧他腰畔的剑,忽然纵声狂笑起来,他这一生中实在从未见过这么好笑的事。

少年只是静静地站在那里,完全不懂得这人在笑什么。他自觉说的话并没有值得别人如此好笑的。

那虬髯大汉暗中叹了口气，似乎觉得这孩子实在穷疯了，诸葛雷也觉得他的脑袋很有毛病。

只听白蛇大笑道："我这颗头颅千金难买……"

少年道："千金太多了，我只要五十两。"

白蛇骤然顿住了笑声，因为他已发觉这少年既非疯子，亦非呆子，更不是在开玩笑的，说的话竟似很认真。

但他再一看那柄剑，又不禁大笑起来，道："好，只要你能照这样做一遍，我就给五十两。"

笑声中，他的剑光一闪，似乎要划到柜台上那根蜡烛，但剑光过处，那根蜡烛却还是一动不动。

大家都觉得有些奇怪，可是白蛇这时已吹了口气，一口气吹出，蜡烛突然分成七段，剑光又一闪，七段蜡烛就都被穿在剑上，最后一段光焰闪动，烛火竟仍未熄灭——原来他方才一剑已将蜡烛削成七截。

白蛇傲然道："你看我这一剑还算快么？"

少年的脸上丝毫表情都没有，道："很快。"

白蛇狞笑道："你怎样？"

少年道："我的剑不是用来削蜡烛的。"

白蛇道："那么你这把破铜烂铁是用来干什么的？"

少年的手握上剑柄，一字字道："我的剑是用来杀人的！"

白蛇咯咯笑道："杀人？你能杀得了谁？"

少年道："你！"

这"你"字说出口，他的剑已刺了出去！

剑本来还插在这少年腰带上,每个人都瞧见了这柄剑。

忽然间,这柄剑已插入了白蛇的咽喉,每个人也都瞧见三尺长的剑锋自白蛇的咽喉穿过。

但却没有一个人看清他这柄剑是如何刺入白蛇咽喉的!

没有血流下,因为血还未及流下来。

少年瞪着白蛇,道:"是你的剑快?还是我的剑快!"

白蛇喉咙里"咯咯"地响,脸上每一根肌肉都在跳动,鼻孔渐渐扩张,张大了嘴,伸出了舌头。

鲜血,已自他舌尖滴了下来。

黑蛇的剑已扬起,但却不敢刺出,他脸上的汗不停地在往下流,掌中的剑也在不停地颤抖。

只见少年忽然拔出了剑,鲜血就箭一般自白蛇的咽喉里飙出,他闷着的一口气也吐了出来,狂吼道:"你……"

这一声狂吼发出后,他的人就扑面跌倒。

少年却已转问黑蛇,道:"他已承认输了,五十两银子呢?"

他说得仍是那么认真,认真得就像个傻孩子。

但这次却再也没有一个人笑他了。

黑蛇连嘴唇都在发抖,道:"你……你……你真是为了五十两银子杀他的么?"

少年淡淡笑道:"不错。"

黑蛇的一张脸全都扭曲起来，也不知是哭还是笑，忽然甩却了掌中的剑，用力扯着自己的头发，将身上的衣服也全撕碎了，怀中的银子一锭锭掉了下来，他用力将银子掷到少年的面前，哭嚎着道："给你，全给你……"

他就像个疯子似的狂奔了出去。

那少年既不追赶，也不生气，却弯腰拾了两锭银子起来，送到柜台后那掌柜的面前，道："你看这够不够五十两？"

那掌柜的早已矮了半截，缩在柜台下，牙齿咯咯打战，也说不出话来，只是拼命地点头。

到了这时，李寻欢才回头向那虬髯大汉一笑，道："我没有说错吧？"

虬髯大汉叹了口气，苦笑道："一点也不错，那玩具实在太危险了。"

他瞧见那少年已向他们走了过来，但却未瞧见诸葛雷的动作，诸葛雷一直就没有从桌子下爬起来。

此刻他竟忽然掠起，一剑向少年的后心刺出！

他的剑本不慢，少年更绝未想到他会出手暗算——他杀了白蛇，诸葛雷本该感激他才是，为何要杀他呢！

眼看这一剑已将刺穿他的心窝，谁知就在这时，诸葛雷忽然狂吼一声，跳起来有六尺高，掌中的剑也脱手飞出，插在屋梁上。

剑柄的丝穗还在不停地颤动，诸葛雷双手掩住了自己的咽喉，眼睛瞪着李寻欢，眼珠都快凸了出来。

李寻欢此刻并没有在刻木头，因为他手里那把刻木头的小刀已不见了。

鲜血一丝丝自诸葛雷的指缝里流了出来。

他瞪着李寻欢，咽喉里也在"咯咯"地响，这时才有人发现李寻欢刻木头的小刀已到了他的咽喉上。

但也没有一个人瞧见这小刀是怎么到他咽喉上的。

只见诸葛雷满头大汗如雨，脸已痛得变形，忽然咬了咬牙，将那柄小刀拔了出来，瞪着李寻欢狂吼道："原来是你……我早该认出你了！"

李寻欢长叹道："可惜你直到现在才认出我，否则你也许就不会做出如此丢人的事了！"

他这句话诸葛雷并没有听到，他已永远听不到了。

少年也曾回头瞧了一眼，面上也曾露出些惊奇之色，似乎再也想不到这人为什么要杀他。

但他只不过瞧了一眼，就走到李寻欢面前，他充满了野性的眸子里，竟似露出了一丝温暖的笑意。

他也只不过说了一句话，他说："我请你喝酒。"

第二章

海内存知己

马车里堆着好几坛酒,这酒是那少年买的,所以他一碗又一碗地喝着,而且喝得很快。

李寻欢瞧着他,目中充满了愉快的神色,他很少遇见能令他觉得有趣的人,这少年却实在很有趣。

道上的积雪已化为坚冰,车行冰上,纵是良驹也难驾驭,那虬髯大汉已在车轮捆起几条铁链子,使车轮不致太滑。

铁链拖在冰雪上,"咯啷咯啷"地直响。

少年忽然放下酒碗,瞪着李寻欢道:"你为什么定要我到你马车上来喝酒。"

李寻欢笑了笑,道:"只因为那客栈已非久留之地。"

少年道:"为什么?"

李寻欢道:"无论谁杀了人后,多多少少都会有些麻烦的,我虽不怕杀人,但平生最怕的就是麻烦。"

少年默然半晌,这才又从坛子里勺了一碗酒,仰着脖子喝了下去。李寻欢含笑望着,很欣赏他喝酒的样子。

过了半晌,少年竟也叹了口气,道:"杀人的确不是件愉快的事,但有些人却实在该杀,我非杀人不可!"

李寻欢微笑道:"你真是为了五十两银子才杀那白蛇的么?"

少年道:"没有五十两银子,我也要杀他,有了五十两银子更好。"

李寻欢道:"为什么你只要五十两?"

少年道:"因为他只值五十两。"

李寻欢笑了,道:"江湖中该杀的人很多,也有些不只值五十两的,所以你以后说不定会成为一个大富翁,我也常常会有酒喝了。"

少年道:"只可惜我太穷,否则我也该送你五十两的。"

李寻欢道:"为什么?"

少年道:"因为你替我杀了那个人。"

李寻欢大笑道:"你错了,那人非但不值五十两,简直连一文都不值。"

他忽又问道:"你可知道他为何要杀你么?"

少年道:"不知道。"

李寻欢道:"白蛇虽然没有杀他,但却已令他无法在江湖中立足,你又杀了白蛇,他只有杀了你,以后才可以重新扬眉吐气,自吹自擂,所以他就非杀你不可,江湖中人心之险恶,只怕你难以想象的。"

少年沉默了很久,喃喃道:"有时人心的确比虎狼还恶毒得多。虎狼要吃你的时候,最少先让你知道。"

他喝下一碗酒后,忽又接道:"但我只听到过人说虎狼恶毒,却从未听过虎狼说人恶毒。其实虎狼只为了生存才杀人,人却可以不为什么就杀人,而且据我所知,人杀死的人,要比虎狼杀死的人多得多了。"

李寻欢凝注着他,缓缓道:"所以你就宁可和虎狼交朋友?"

少年又沉默了半晌,忽然笑了,笑着道:"只可惜它们不会喝酒。"

这是李寻欢第一次见到少年的笑,他从未想到笑容竟会在一个人的脸上造成这么大的变化。

少年的脸本来是那么孤独,那么倔强,使得李寻欢时常会联想到一匹在雪地上流浪的狼。

但等到他嘴角泛起笑容的时候,他这人竟忽然变了,变得那么温柔,那么亲切,那么可爱。

李寻欢从未见过任何人的笑容能使人如此动心的。

少年也在凝注着,他忽又问道:"你是不是个很有名的人?"

李寻欢也笑了,道:"有名并不是件好事。"

少年道:"但我却希望变得很有名,我希望能成为天下最有名的人。"

他说这句话的时候,忽又变得孩子般认真。

李寻欢笑道:"每个人都希望成名,你至少比别人都诚实得多。"

少年道:"我和别人不同,我非成名不可,不成名我只有死!"

李寻欢开始有些吃惊了，忍不住说道："为什么？"

少年没有回答他这句话，目中却流露出一种悲伤愤怒之色，李寻欢这才发觉他有时虽然天真坦白得像个孩子，但有时却又似藏着许多秘密，他的身世，如谜却又显然充满了悲痛与不幸。

李寻欢柔声道："你若想成名，至少应该先说出自己的名字。"

少年这次沉默得更久，然后才缓缓道："认得我的人，都叫我阿飞。"

阿飞？

李寻欢笑道："你难道姓'阿'么？世上并没有这个姓呀。"

少年道："我没有姓！"

他目光中竟似忽然有火焰燃烧起来，李寻欢知道这种火焰连眼泪都无法熄灭，他实在不忍再问下去。

谁知那少年忽又接道："等到我成名的时候，也许我会说出姓名，但现在……"

李寻欢柔声道："现在我就叫你阿飞。"

少年道："很好，现在你就叫我阿飞——其实你无论叫我什么名字都无所谓。"

李寻欢道："阿飞，我敬你一杯。"

刚喝完了半碗酒，又不停地咳嗽起来，苍白的脸上又泛起那种病态的嫣红色，但他还是将剩下的半碗酒一口倒进脖子里。

阿飞吃惊地瞧着他，似乎想不到这位江湖的名侠身体竟是如此虚弱，但他并没有说什么，只是很快喝完了他自己的一碗酒。

李寻欢忽然笑道："你可知道我为什么喜欢你这朋友？"

阿飞沉默着，李寻欢笑道："只因你是我朋友中，看到我咳嗽，却没有劝我戒酒的第一个人。"

阿飞道："咳嗽是不是不能喝酒？"

李寻欢道："本来连碰都不能碰的。"

阿飞道："那么你为什么要喝呢？你是不是有很多伤心事？"

李寻欢明亮的眼睛黯淡了，瞪着阿飞道："我有没有问过你不愿回答的话？有没有问过你的父母是谁？武功是谁传授的？从哪里来？到哪里去？"

阿飞道："没有。"

李寻欢道："那么你为什么要问我呢？"

阿飞静静凝注他半响，展颜一笑，道："我不问你。"

李寻欢也笑了，他似乎想再敬阿飞一杯，但刚端起酒，已咳得弯下腰去，连气都喘不过来。

阿飞刚替他推开窗子，马车忽然停下。

李寻欢探首窗外，道："什么事？"

虬髯大汉道："有人挡路。"

李寻欢皱眉道："什么人？"

虬髯大汉似乎笑了笑，道："雪人。"

道路的中央，不知被哪家顽童堆起个人，大大的肚子，圆圆的脸，脸上还嵌着两粒煤球算作眼睛。

他们都下了车，李寻欢在长长地呼吸着，阿飞却在出神地瞧着那雪人，像是从来也没有见过雪人似的。

李寻欢望向他，微笑道："你没有堆过雪人？"

阿飞道："我只知道雪是可恨的，它不但令人寒冷，而且令草木果实全都枯萎，令鸟兽绝迹，令人寂寞、饥饿。"

他捏个雪球，抛了出去，雪球呼啸着飞到远方，散开，不见，他目光也在望着远方，缓缓道："对那些吃得饱、穿得暖的人说来，雪也许很可爱，因为他们不但可以堆雪人，还可以赏雪景，但对我们这些人……"

他忽然瞪着李寻欢，道："你可知道我是在荒野中长大的，风、雪、霜、雨，都是我最大的敌人。"

李寻欢神情也有些黯然，忽也捏起团雪球，道："我不讨厌雪，但我却最讨厌别人挡我的路。"

他也将雪球抛出去，"砰"地击在那雪人上。

雪花四溅，那雪人竟没有被他击倒。

只见一片片冰雪自那雪人身上散开，煤球也被击落，圆圆的脸也散开，却又有张死灰色的脸露了出来。

雪人中竟藏着一个真正的人。

死人！

死人的脸绝不会有好看的，这张脸尤其狰狞丑恶，一双恶毒的眼睛，死鱼般凸了出来。

阿飞失声道："这是黑蛇！"

黑蛇怎会死在这里？

杀他的人，为什么要将他堆成雪人，挡住道路？

虬髯大汉将他的尸体自雪堆中提了起来，蹲下去仔仔细细地瞧着，似乎想找出他致命的伤痕。

李寻欢沉思着，忽然道："你可知道是谁杀死他的么？"

阿飞道："不知道。"

李寻欢道："就是那包袱！"

阿飞皱眉道："包袱？"

李寻欢道："那包袱一直在桌上，我一直没有太留意，但等到黑蛇走了后，那包袱也不见了，所以我想，他故意作出那种发疯的样子来，就为的是要引开别人的注意力，他才好趁机将那包袱攫走。"

阿飞道："嗯。"

李寻欢道："但他却未想到那包袱竟为他招来了杀身之祸，杀他的人，想必就是为了那个包袱。"

他不知何时已将那小刀拿在手上，轻轻地抚摸着，喃喃道："那包袱里究竟是什么呢？为何有这么多人对它发生兴趣？也许我昨天晚上本该拿过来瞧瞧的。"

阿飞一直在静静地听着，忽然道："杀他的人，既是为了那包袱，那么他将包袱夺走之后，为什么要将黑蛇堆成雪人，挡住路呢？"

李寻欢神情看来很惊讶。

他发觉这少年虽然对人情世故很不了解，有时甚至天真得像个孩子，但智慧之高，思虑之密，反应之快，他这种老江湖也赶不上。

阿飞道:"那人是不是已算准这条路不会有别人走,只有你的马车必定会经过这里,所以要在这里将你拦住。"

李寻欢没有回答这句话,却沉声道:"你找出他的致命伤没有?"

虬髯大汉还未说话,李寻欢忽又道:"你不必找了。"

阿飞道:"不错,人都已来了,还找什么?"

李寻欢耳力之敏,目力之强,可说冠绝天下,他实未想到这少年的耳目居然也和他同样灵敏。

这少年似乎天生有种野兽般的本能,能觉察到别人觉察不出的事,李寻欢向他赞许地一笑,然后就朗声道:"各位既已到了,为何不过来喝杯酒呢?"

道旁林木枯枝上的积雪,忽然簌簌地落了下来。

一人大笑着道:"十年不见,想不到探花郎的宝刀依然未老,可贺可喜。"

笑声中,一个颧骨高耸、面如淡金、目光如睥睨鹰的独臂老人,已大步自左面的雪林中走了出来。

右面的雪林中,也忽然出现了个人,这人干枯瘦小,脸上没有四两肉,像是一阵风就能将他吹倒。

阿飞一眼便已瞥见,这人走出来之后,雪地上竟全无脚印,此地雪虽已结冰,但冰上又有积雪。

这人居然踏雪无痕,虽说多少占了些身材的便宜,但他的轻功之高,也够吓人的了。

李寻欢笑道："在下入关还不到半个月，想不到'金狮镖局'的查总镖头，和'神行无影'虞二先生就全都来看我了，在下的面子实在不小。"

那矮小老人阴沉沉地一笑，道："小李探花果然是名不虚传，过目不忘，咱们只在十三年前见过一次面，想不到探花郎竟还记得我虞二拐子这老废物。"

阿飞这才发现他竟有条腿是跛的，他实在想不到一个轻功如此高明的人，竟是个跛子。

却不知这虞二拐子就因为右腿天生畸形残废，是以从小就苦练轻功，他要以超人的轻功，来弥补天生的缺陷。

阿飞倒不禁对这老人很是佩服。

李寻欢微微一笑，道："两位既然还请来几位朋友，为何不一起为在下引见引见呢？"

虞二拐子冷冷道："不错，他们也久闻小李探花的大名，早就想见见阁下。"

他说着话，树林里已走出四个人来，此刻虽然是白天，但李寻欢见了这四人，还是不觉倒抽了口冷气。

这四人年纪虽然全已不小，但却打扮得像是小孩子，身上穿的衣服五颜六色，花花绿绿，脚上穿的也是绣着老虎的童鞋，腰上还扎着围裙，四人虽都是浓眉大眼，长相狰狞，但却偏偏要作出顽童的模样，嘻嘻哈哈，挤眉弄眼，叫人见了，连隔夜饭都要吐了出来。

最妙的是，他们手腕上、脚踝上，竟还戴满了发亮的银镯，走起路来"叮叮当当"直响。

虬髯大汉一见这四人，脸色立刻变得铁青，忽然嘎声道:"那黑蛇不是被人杀死的。"

李寻欢道:"哦?"

虬髯大汉道:"他是被蝎子和蜈蚣螫死的。"

李寻欢脸色也变了变,沉声道:"如此说来,这四位莫非是苗疆'极乐峒'五毒童子的门下?"

四人中的黄衣童子咯咯一笑,道:"我们辛辛苦苦堆成的雪人被你弄坏了,我要你赔。"

"赔"字出口,他身子忽然飞掠而起,向李寻欢扑了过来,手足上的镯子如摄魂之铃,响声不绝。

李寻欢只是含笑瞧着他,动也不动。

但虞二拐子却也忽然飞起,半空中迎上了那黄衣童子,拉住他的手斜斜飞到一边。

"金狮"查猛也立刻大笑道:"探花郎家财万贯,莫说一个雪人,就算金人他也赔得起的,但四位却不可着急,先待我引见引见。"

一个红衣童子笑嘻嘻道:"我知道他姓李,叫李寻欢。"

另一黑衣童子道:"我还知道他吃喝嫖赌,样样精通,所以我们早就想找他带我们去寻寻欢、找找乐子了。"

剩下的一个绿衣童子道:"我还知道他学问不错,中过皇帝老儿点的探花,听说他老子,和他老子的老子也都是探花。"

红衣童子笑嘻嘻道:"只可惜这小李探花却不喜欢做官,反而喜欢做强盗。"

他们在这里说，别人还未觉得怎样，阿飞却听得出了神，他实在想不到他这新交的朋友，竟有如此多姿多彩的一生。

他却不知道这些人只不过仅将李寻欢多彩的一生，说出了一鳞半爪而已。李寻欢这一生的故事，他们就算不停地说三天三夜，也说不完的。

阿飞也未发现李寻欢面上虽还带着微笑，目中却露出痛苦之色，像是别人只要一提及他的往事，就令他心碎。

突听虞二拐子沉着脸道："你们对李探花的故事实在知道不少，但你们可听过——小李神刀，冠绝天下，出手一刀，例不虚发！"

那黄衣童子吃吃笑道："出手一刀，例不虚发……原来你是怕我被他手上那把小刀弄死，回去无法向我师傅交代，所以才拉住我的。"

李寻欢微笑着道："但各位只管放心，在下的第二刀就不怎么样高明了，而一刀是万万杀不死六个人的！"

他忽也沉下脸，瞪着查猛道："所以各位若是想来为诸葛雷复仇，还是不妨动手！"

"金狮"查猛干笑了两声，道："诸葛雷自己该死，怎么能怪李兄？"

李寻欢道："各位既非为了复仇而来，难道真的是找我来喝酒的么？"

查猛沉吟着，像是不知该如何措词。

虞二拐子已冷冷道："我们只要你将那包袱拿出来！"

李寻欢皱了皱眉，道："包袱？"

查猛道："不错，那包袱乃是别人重托给'金狮镖局'的，若有闪失，敝镖局数十年的声名就从此毁于一旦。"

李寻欢瞧了黑蛇的尸身一眼，道："包袱难道不在他身上？"

查猛大笑道："李兄这是说笑，有李兄在场，区区的黑蛇怎么能将那包袱拿得走。"

李寻欢皱了皱眉，叹息着喃喃道："我平生最怕麻烦，麻烦为什么总要找上我？"

查猛也听不清他在说什么，接着又道："只要李兄肯将那包袱发还，在下非但立刻就走，而且多少总有一点心意，给李兄饮酒压惊。"

李寻欢轻轻抚摸着手里的刀，忽然笑道："不错，那包袱的确在我这里，但我却还未决定是否将它还给你们，你们最好让我考虑考虑。"

查猛面上已变了颜色，虞二拐子却抢着道："却不知阁下要考虑多久？"

李寻欢道："有一个时辰就已足够了，一个时辰后，还是在此地相见。"

虞二拐子想也不想，立刻道："好，一言为定！"

他再也不说一句话，挥手就走。

黄衣童子忽然咯咯一笑，道："有半个时辰，就可以逃得很远了，何必要一个时辰。"

虞二拐子沉着脸道："小李探花自出道以后，退隐之前,七年中身经大小三百余战,从来也未曾逃过一次。"

他们来得虽快,退得更快,转眼间已全部失去踪影,再听那清悦的手镯声,已远在十余丈外。

阿飞忽然道:"包袱并不在你手上。"

李寻欢道:"嗯。"

阿飞道:"既然不在,你为何要承认?"

李寻欢笑了笑,道:"我纵然说没有拿,他们也绝不会相信的,迟早还是难免出手一战,所以我倒不如索性承认了,也免得跟他们啰唆麻烦。"

阿飞道:"既然迟早难免一战,你还考虑什么?"

李寻欢道:"在这一个时辰中,我要先找到一个人。"

阿飞道:"什么人?"

李寻欢道:"偷那包袱的人。"

阿飞道:"你知道他是谁?"

李寻欢道:"昨天那酒店中有三个金狮镖局的镖头,除了诸葛雷和那赵老二外,还有一个人,我要找的就是他!"

阿飞沉默了半晌,道:"你说的可是那穿着件紫缎团花皮袄,腰上似乎缠着软鞭,耳朵还有撮黑毛的矮子么?"

李寻欢微笑道:"你只瞧了他两眼,想不到已将他瞧得如此仔细。"

阿飞道:"我只瞧了一眼,一眼就已足够了。"

李寻欢道:"不错,我说的就是他,昨天在酒店中的人,只有他知道那包袱的价值,他一直躲旁边,没有人注意他,所以也只有他有机会拿那包袱。"

阿飞沉思着,道:"嗯。"

李寻欢说道:"就因为他知道那包袱的价值,所以存心要将之吞没,但他却怕查猛怀疑于他,所以就将责任推到我身上。"

他淡淡一笑,接着道:"好在我替别人背黑锅,这已不是第一次了。"

阿飞道:"查猛他们知道你的行踪,自然就是他去通风报信的。"

李寻欢道:"不错。"

阿飞道:"他为了怕查猛怀疑到他,暂时绝不敢逃走!"

李寻欢道:"不错。"

阿飞道:"所以他现在必定和查猛他们在一起,只要找到查猛,就可以找得到他!"

李寻欢拍了拍他肩头,笑道:"你只要在江湖中混三五年,就没有别人可混的了,以后我们若是还有机会见面,希望还是朋友。"

他大笑着接道:"因为我实在不愿意有你这样的仇敌。"

阿飞静静地望着他,道:"你现在要我走?"

李寻欢道:"这是我的事,和你并没有关系,别人也没有找你……你为何还不走?"

阿飞道:"你是怕连累了我,还是已不愿和我同行？"

李寻欢目中露出一丝痛苦之色，却还是微笑着道："天下无不散的筵席。我们反正迟早总是要分手的，早几天迟几天，又有什么分别？"

阿飞沉默着，忽然自车厢中倒了两碗酒，道："我再敬你一杯……"

李寻欢接过来一饮而尽，慢声道："劝君更尽一杯酒，与尔同销万古愁……"

他想笑一笑，却又弯下腰去，不停地咳嗽起来。

阿飞又静静地望了他很久，忽然转过身，大步而去。

这时天边又纷纷落下雪来，天地间静得甚至可以听到雪花飘落在地上的声音。

李寻欢望着这少年坚挺的身子在风雪中渐渐消失，望着雪地上那漫长的、孤独的脚印……

他立刻又倒了碗酒，高举着酒杯，喃喃道："来，少年人，我再敬你一杯。你可知道我并不是真的要你走，只不过你前程远大，跟着我走，永远没好处的，我这人好像已和倒霉、麻烦、危险、不幸的事交成了好朋友，我已不能再交别的朋友了！"

阿飞自然已听不到他的话了。

那虬髯大汉始终就像石像般站在一边，既没有说话，满身虽已积满了冰雪，他也绝不动一动。

李寻欢又饮尽了杯中的酒，才转身望着他，道："你在这里等着，最好将这条蛇的尸体也埋起来……我一个时辰，就会回来的。"

虬髯大汉垂下了头，忽道："我知道金狮查猛虽以掌力雄浑成名，但却只不过是徒有虚名而已，少爷你在四十招内就可取他首级。"

李寻欢淡淡笑道："也许还用不着十招！"

虬髯大汉道："虞二拐子呢？"

李寻欢道："他轻功不错，据说暗器也很毒辣，但我还是足可对付他的。"

虬髯大汉道："据说'极乐峒'门下每人都有几手很邪气的外门功夫，方才看他们的出手，果然和中原的武功路数不同……"

李寻欢微笑着打断了他的话，道："你放心，就凭这些人，我还未放在心上。"

虬髯大汉的面色却很沉重，缓缓道："少爷也用不着瞒我，我知道此行若非极凶险，少爷就绝不会让那位……那位飞少爷走的。"

李寻欢板起了脸，道："你什么时候也变得多嘴起来了？"

虬髯大汉果然不敢再说什么，头垂得更低，等他抬起头来时，李寻欢已走入树林，似乎又在咳嗽着。

这断续的咳嗽声在风雪中听来，实在令人心碎。

但风雪终于连他的咳嗽声也一起吞没。

虬髯大汉目中已泛起泪光，黯然道："少爷，咱们在关外过得好好的，你为什么又要入关来受苦呢？十年之后，你难道还忘不了她？还想见她一面？可是你见着她之后，还是不会和她说话的，少爷你……你这又何苦呢……"

一进了树林，李寻欢那种懒散、落寞的神情就完全改变了，他忽然变得就像条猎犬那么轻捷、矫健。

他的耳朵、鼻子、眼睛，他全身的每一根肌肉，都已有效地运用，雪地上、枯枝间，甚至空气里，只要有一丝敌人留下的痕迹，一丝异样的气息，他都绝不会错过，二十年来，世上从没有一个人能逃得过他的追踪。

他行动虽快如脱兔，但看来并不急躁匆忙，就像是个绝顶的舞蹈者，无论在多么急骤的节奏下，都还是能保持他优美柔和的动作。

十年前，他放弃了他所有的一切，黯然出关去的时候，也曾路过这里，那时正是春暖花开的时候。

他记得这附近有个小小的酒家，远远就可以看到那高悬的青帘，所以他也曾停下车来，去喝了几斤酒。

酒虽不佳，但那地方面对青山，襟带绿水，春日里的游人很多，他望着那些欢笑着的红男绿女，一杯杯喝着自己的苦酒，准备从此向这十丈软红告别，这印象令他永远也不能忘记。

现在，他想不到自己又回到这里，经过了十年的岁月，人面想必已全非，昔日的垂髫幼女，如今也许已嫁作人妇；昔日的恩爱夫妻，如今也许已归于黄土；就连昔日的桃花，如今已被掩埋在冰雪里。

可是他希望那小小的酒家仍在。

他这么想，倒并不是为了要捕捉往日的回忆，而是他认为金狮查猛他们说不定就落脚在那酒家里。

冰雪中的世界，虽然和春风中大不相同，但他经过这条路时，心里仍不禁隐隐感觉到一阵阵刺痛。

财富、权势、名誉和地位，都比较容易舍弃，只是那些回忆，那些辛酸多于甜蜜的回忆，却像是沉重的枷锁，是永远也抛不开、甩不脱的。

李寻欢自怀中摸出个扁扁的酒瓶，将瓶中的酒全灌进喉咙，等咳嗽停止之后，才再往前走。

他果然看到了那小小的酒家。

那是建筑在山脚下的几间敞轩，屋外四面都有宽阔的走廊，朱红的栏杆，配上碧绿的纱窗。

他记得春日里这里四面都开遍了一种不知名的山花，缤纷馥郁，倚着朱红的栏杆赏花饮酒，淡酒也变成了佳酿。

如今栏杆上的红漆已剥落，红花也被白雪代替，白雪上车辙马蹄纵横，还可以听到屋后有马嘶声随风传出。

李寻欢知道自己没有猜错，查猛他们果然落脚在这里！因为在这种天气，这种地方绝不会有其他游客的。

他的行动更快，更小心，静静地听了半响，酒店里并没有人声，他皱了皱眉，箭一般蹿了过去。

到了近前，就可以发觉这酒店实在静得出奇，除了偶尔有低低的马嘶外，别的声音一丝也没有。

走廊上的地板已腐旧，李寻欢的脚刚踏上去，就发出"吱"的一声，他立刻后退了十几尺。

但酒店里仍然一点动静也没有。

李寻欢微一沉吟，轻快地绕到屋子后面，他心里在猜测,也许"金狮"查猛并没有回到这里。

可是他却立刻就见到了查猛!

查猛竟正在直着眼睛,瞪着他!

查猛的眼睛几乎完全凸了出来,淡金色的脸看来竟已变得说不出的狰狞可怕,他就站在马厩前那根柱子旁。

厩中的马在低嘶着,踢着脚,查猛却只是站在那里,既不出声,也不动,就像是个泥塑的、还未着色的人像。

李寻欢暗中叹了口气,道:"想不到……"

他只说了三个字,就立刻停住了嘴。

因为他已发觉查猛是再也听不到任何人说话的声音了。

第三章

宝物动人心

李寻欢再一注视,那查猛的咽喉,竟已被洞穿!杀他的人显然不愿他的鲜血溅上自己的衣裳,所以一剑刺穿他的咽喉后,就立刻塞了团冰雪在创口里,等到冰雪被热血融化的时候,血却也已被冰凝结住了。

他的尸体仍笔直地站着,倚着木柱并没有倒下来,由此可见,杀他的那人,身法是多么轻,多么快!他一剑刺穿查猛的咽喉后,就立刻拔出了剑,连一丝多余的力量都没有,所以才没有碰倒查猛的尸体。

查猛自然是准备抵抗的,但等到这一剑刺穿咽喉后,他的招式还没有使出来,所以他的尸体仍在保持着平衡。

这一剑好快!

李寻欢面上露出了惊奇之色,他知道"金狮"查猛成名已有二十多年,并没有吃过多大的亏。

金狮镖局的招牌也很硬,由此可见,查猛并非弱者,但他却连反抗之力都没有,一剑就被人洞穿了咽喉!

他就算是个木头人,要想一剑将这木头人的咽喉刺穿,而不将它撞倒,也绝不是件容易事。

李寻欢一转身，蹿入那酒店里，门上并没有挂帘子，里面也没有摆上桌椅，显见这酒店也并不想在这种天气做生意。

很宽敞的屋子里，只有靠窗旁摆着一桌菜，但菜大多都没有动过，甚至连杯里的酒都没有喝。

来自极乐峒的那四个"童子"，也已变成了四个死尸！

死尸的头向外，足向里，像是在地上摆着个"十"字。黄衣童子的足底和绿衣童相对，黑衣童和红衣童相对，右手腕上的金镯已褪下，落在手边，四人的脸上还带着狞笑，咽喉竟也是被一剑刺穿的！

再看虞二拐子，也已倒在角落里的一个柱子旁，他的双手紧握，似乎还握着满把暗器。

但暗器还未发出，他也已被一剑刺穿咽喉！

李寻欢也不知是惊奇，还是欢喜，只是不住喃喃道："好快的剑……好快的剑……"

若在两天以前，他实在猜不出普天之下，是谁有这么快的剑法，昔年被称为当代第一剑客的天山"雪鹰子"，剑法虽也以轻捷飘忽见长，但出手绝不会有如此狠辣，何况自从鹰愁涧一役之后，这位不可一世的名剑客已封剑归隐，到如今只怕也埋骨在天山绝顶亘古不化的冰雪下了。

至于昔日纵横天下的名侠，沈浪、熊猫儿、王怜花，据说早已买舟入海，去寻海外的仙山，久已不在人间了。

何况他们用的都不是剑！

除了这些人之外，李寻欢实在想不出世上还有谁的剑如此快，直到现在，他已知道是还有这么一个人的。

就是那神秘、孤独而忧郁的少年阿飞！

李寻欢闭起眼睛，仿佛就可以看到他落寞地走入这屋子里，极乐峒的护法童子们立刻迎了上去，将他包围。

但他们的金镯褪下，面上的狞笑还未消失，阿飞的剑已如闪电、如毒蛇般将他们的咽喉刺穿。

虞二拐子在一旁想发暗器，他以轻功和暗器成名，手脚自然极快，但他的手刚抓起暗器，还未发出，剑已飞来，一剑穿喉！

李寻欢叹了口气，喃喃道："玩具，居然还有人说他的剑像玩具……"

他忽然发现柱子上有用剑尖划出来的字："你替我杀了诸葛雷，我就替你杀这些人，我不再欠你的债了，我知道一个人绝不能欠债！"

看到这里，李寻欢不禁苦笑着道："我只替你杀了一个人，你却替我杀了六个，你知道一个人不能欠债，为何要我欠你的债呢？"他又接着看下去。

"我替你杀的人虽多些，但情况不同，你杀的一个足可抵得上这六个，所以你也不欠我，我也不愿别人欠我的债！"

李寻欢失笑道："你这账算得太不精明，看来以后做不得生意。"

柱子上只有这几句话，却还有个箭头。

李寻欢自然立刻顺着这箭头所指的方向走过去，刚走进一扇门，他就听到了一声惊呼。

有柄很亮的剑，剑尖正指着他！

剑尖，在微微地颤抖着！

握剑的是个很发福的老人，胡子虽还没有白，但脸上的皱纹已很多，可见年纪已不小了。

这老人双手握剑，对着李寻欢大声道："你……你是什么人？"

他虽然尽量想说得大声些，可是声音偏偏有些发抖。

李寻欢忽然认出他是谁了，微笑道："你不认得我了？"

老人只是在摇头。

李寻欢道："我却认得你就是这里的老板，十年前，你还陪过我喝了几杯酒哩。"

老人目中的警戒之色已少了些，双手却还是紧握着剑柄，道："客官贵姓？"

李寻欢道："李，木子李。"

老人这才长长吐出口气，手里的剑也"当"地落在地上，展颜道："原来是李……李探花，老朽已在这里等了半天了。"

李寻欢道："等我？"

老人道："方才有位公子……英雄，杀了很多人……恶人，却留下个活的，交给老朽看守，说是有位李探花就会来的，要老朽将这人交给李探花，若是此间出了什么差错，他就会来……来要老朽的命。"

李寻欢道："人呢？"

老人道："在厨房里。"

厨房并不小，而且居然很干净，果然有个人被反绑在椅子上，长得很瘦小，耳边还有撮黑毛。

李寻欢早已想到阿飞就是要将这人留给他拷问的，但这人却显然未想到还会见到李寻欢，目中的惊惧之色更浓，嘴角的肌肉也在不停地抽搐着，却说不出话来——阿飞非但紧紧绑住了他，还用布塞住了他的嘴。

他显然是怕这人用威胁利诱的话来打动这老人，所以连嘴也塞住，李寻欢这才发觉他居然还很细心。

但他为什么不索性点住这人的穴道呢？

李寻欢手里的刀光忽然一闪，只不过是挑去了这人嘴里塞住的布而已，这人却几乎被吓晕了。

他想求饶，但嘴里干得发麻，一个字也说不出来。

李寻欢也没有催他，却在他对面坐下，又请那老人将外面的酒等全都搬了进来，他倒了杯酒喝下去，才微笑着道："贵姓？"

那人脸已发黄，用发干的舌头舔着嘴唇，嗄声道："在下洪汉民。"

李寻欢道："我知道你喝酒的，喝一杯吧。"

他居然又挑断了这人身上绑着的绳子，倒了杯酒递过去，这人吃惊地睁大了眼睛，用力捏着自己被捆得发麻的手臂，既不敢伸手来接这杯酒，又不敢不接。

李寻欢笑着道："有人若请我喝酒，我从来不会拒绝的。"

洪汉民只有接过酒杯，他的手直抖，虽然总算喝下去半杯酒，还有半杯却都洒到身上了。

李寻欢叹了口气,喃喃道:"可惜可惜……你若也像我一样,找把刀来刻刻木头,以后手就不会发抖,雕刻可以使手稳定,这是我的秘诀。"

他又倒了两杯酒,笑道:"佳人不可唐突,好酒不可糟蹋,这两件事你以后一定要牢记在心。"

洪汉民用两只手端着酒杯,还生怕酒泼了出来,赶紧用嘴凑上去,将一杯酒全喝了个干净。

李寻欢道:"很好,我一生别的都没有学会,只学会了这两件事,现在已全都告诉你,你应该怎么样来感谢我?"

洪汉民道:"在下……在下……"

李寻欢道:"你也用不着做别的事,只要将那包袱拿出来,我就很满意了。"

洪汉民的手又一抖,幸好杯子里已没有酒了。

他长长吸进了一口气,道:"什么包袱?"

李寻欢道:"你不知道?"

洪汉民脸上很尽力地挤出了一丝微笑,道:"在下真的不知道。"

李寻欢摇着头叹道:"我总以为喜欢喝酒的人都比较直爽,可是你……你实在令我失望。"

洪汉民赔笑道:"李……李大侠只怕是误会了,在下的确……"

李寻欢忽然沉下脸,道:"你喝了我的酒,还要骗我,把酒还给我吧。"

洪汉民道:"是,是……在下这就去买。"

李寻欢道:"我只要你方才喝下去的两杯,买别的酒我不要。"

洪汉民怔了怔,用袖子直擦汗,吃吃道:"但……但酒已喝在肚子里,怎么还呢?"

李寻欢道:"这倒容易。"

刀光一闪,小刀已抵住了洪汉民的胸膛。

李寻欢冷冷道:"酒既然在你肚子里,我只要将你的肚子剖开就行了。"

洪汉民脸色发白,勉强笑道:"李大侠何必开小人的玩笑。"

李寻欢道:"你看我这像是在开玩笑?"

他的手微微用了些力,将小刀轻轻在洪汉民的胸膛上一刺,想将他的胸膛刺破一点,让他流一点血。

因为只有懦夫才会说谎,而懦夫一看到自己的血,就会被骇出实话,这道理谁也不会比李寻欢更清楚。

谁知道刀尖刺下,竟好像刺在一个石面上,洪汉民还是满面假笑,似乎连一点感觉都没有。

李寻欢目光闪了闪,手已停了下来,这懦夫居然刀枪不入,李寻欢居然也并没有吃惊。

他反而微笑着道:"你在江湖中混了已有不少时候了吧。"

洪汉民想不到他忽然会问出这句话来,怔了怔,赔笑道:"已有二十年了。"

李寻欢道:"那么你总该知道江湖中有几件很神奇的宝物,这些宝物虽很少有人能真的见到,但却已传说多年，其中有一件就是……"

他眼睛盯着洪汉民，一字字接着道："就是金丝甲，据说此物刀枪不入，水火不伤，你既已在江湖中混了二十年，总该听说过。"

洪汉民的脸已经变得好像一块抹桌布，跳起来就想逃。

他的身法并不慢，纵身一掠到了门口，但他正要蹿出门的时候，李寻欢也已站在门口了。

洪汉民咬了咬牙，一转身就解下了条亮银链子枪，银光洒开，链子枪毒蛇般向李寻欢刺了过去。

看来他在这柄枪上的训练至少已有二三十年的工夫，这一招刺出，软软的链子枪竟被抖得笔直，带着劲风直刺李寻欢的咽喉。

只听"当"的一声，李寻欢只抬了抬手，他手里还拿着酒杯，就用这酒杯套住了枪尖。

也不知怎地，枪尖竟没有将酒杯击碎。

李寻欢笑道："以后若再有人劝我戒酒，我一定要告诉他喝酒也有好处的，而且酒杯还救过我一次命。"

洪汉民就像石头人般怔在那里，满头汗落如雨。

李寻欢道："你若不想打架了，就将身上的金丝甲脱下来做酒资吧，那勉强也可抵得过我的两杯酒了。"

洪汉民颤声道："你……你真要……"

李寻欢道："我倒并不是真的想要这东西，你能趁我不备，将包袱偷走，也算你的本事，但你却不该对别人说包袱是我拿的，我这人最不喜被人冤枉。"

洪汉民道:"不错,包袱是……是小人拿的,包袱里也的确就是金丝甲,可是……可是……"

他非但已急得说不出话,连眼泪都快被急了出来。

李寻欢道:"金丝甲虽然是防身至宝,但你得了有什么用呢?你就算穿着十件金丝甲,我一刀还是可以要你的命,你何必为了它拼命?"

他叹息着接道:"世间的宝物,唯有德者居之。这种东西更不是你们这种人应该有的,你将它送给我,也许还可以多活几年。"

洪汉民嗄声道:"小人也知道不配有这种东西,但小人也并不想将之据为己有……"

李寻欢道:"难道你本来就想将它送给别人么?送给谁?"

洪汉民咬着牙,连嘴唇都被咬出血来。

李寻欢悠然道:"我有很多法子能要人说实话,可是我并不喜欢用,所以我希望你莫要也逼我用出来。"

洪汉民终于长长叹了口气,道:"好,我说。"

李寻欢道:"你最好从头说起。"

洪汉民沉吟着道:"李大侠可知道有个'神偷'戴五么?这种下五门的小贼,李大侠也许不会知道的。"

李寻欢笑道:"我非但知道这人,而且还认得他,他的轻功和手上功夫都算不弱,而且酒量也很不错。"

洪汉民道:"这'金丝甲',就是他不知从哪里偷来的。"

李寻欢道:"哦?那么,又怎会到了你们手上呢?"

洪汉民道:"他和诸葛雷本来也是老朋友,我们在张家口遇见了他,就在一起喝酒,他大醉之下,把金丝甲拿出来吹嘘,诸葛雷瞧着眼红,就……就……"

李寻欢板着脸道:"你们既然做得出这种不要脸的事,难道还不好意思说出来吗?"

洪汉民垂下头叹道:"戴五明知这金丝甲现在是江湖中每个人都想得到的宝物,他既然身怀此物,本不该喝醉的。"

李寻欢冷冷道:"他并不是不该喝酒,而是不该交错了朋友。"

洪汉民苍白的脸,居然也有些发红。

李寻欢道:"这金丝甲虽然号称是'武林三宝'之一,其实并没有太大用处,因为除了两个势均力敌的高手相争时用得着它之外,一般人得到它还是难免送命,我倒不懂它为什么会忽然变得如此抢眼了,这其中是否另有原因?"

洪汉民道:"不错,这其中的确有个秘密……其实这秘密现在已不能算是秘密了,只因……"

他刚说到这里,这酒店的主人已端着两壶酒进来,赔笑道:"刚温好的酒,探花大人先喝一杯再说话吧。"

李寻欢苦笑道:"你若想我下次再来照顾你的生意,最好再也莫要叫我这名字,我一听这四个字,连酒都喝不下去了。"

酒杯还在他手上,他满满倒了一杯,只觉一阵酒香扑鼻而来,他脸色立刻又开朗了,展颜道:"好酒。"

他将这杯酒喝了下去,又弯下腰咳嗽起来。

老人叹息着,揣了张椅子过来扶着李寻欢坐下,道:"咳嗽最伤身子,要小心些,要小心些……"

他苍老的面上忽然露出了一丝微笑,接着道:"但这酒专治咳嗽,客官你喝了,以后包管不会再咳嗽了。"

李寻欢笑道:"酒若能治咳嗽,就真的十全十美了,你也喝一杯吧。"

老人道:"我不喝。"

李寻欢道:"为什么?卖饺子的人宁可吃馒头也不愿吃饺子,卖酒的人难道也宁可喝水,却不喝酒么?"

老人道:"我平常也喝两杯的,可是……这壶酒却不能喝。"

他呆滞的目光竟也变得锐利狡黠起来。

李寻欢却似未曾留意,还是微笑着问道:"为什么?"

老人盯着他手里的小刀,缓缓道:"因为喝下我这杯酒后,只要稍微一用真力,酒里的毒立刻就要发作,七窍流血而死!"

李寻欢张嘴结舌,似已呆了。

洪汉民又惊又喜,道:"想不到你居然会来帮我的忙,日后我必定重重酬谢。"

老人冷冷道:"你不必谢我。"

洪汉民面色微变,赔笑道:"前辈真人不露相,莫非也想要……"

他嘴里说着话,掌中的链子枪又已飞舞而出。

老人怒叱一声，佝偻的身子，竟似忽然暴长了一尺，左手一反，已抄着了枪头，厉声道："就凭你也敢跟我老人家动手？"

这胆小怕事的糟老头子，在瞬间仿佛变了个人似的，连一张脸都变得红中透紫，隐隐有光。

洪汉民看到他这种奇异的面色，忽然想起一个人来，失声惊呼道："前辈饶命，小人不知道前辈就是……"

他求饶已迟了，呼声中，老人的右拳已击出，只听"砰"的一声，洪汉民的身子竟被打得飞了出来，缠在手上的链子也断成两截，鲜血一路溅了出来，他身体撞在墙上，恰巧落在灶上的大铁锅里。

这一拳的力道实在惊人。

李寻欢叹了口气，摇着头道："我早就说过，你有了这件金丝甲，反而会死得快些。"

老人将半截链子枪甩在地上，出神地望着洪汉民的尸身，脸上的皱纹又一根根现了出来。

李寻欢喃喃道："你已有二十年没有杀人了，是吗？"

老人转身望着他，道："但我并没有忘记如何杀人，是吗？"

李寻欢道："你为了这种事杀人值得吗？"

老人道："二十年前，我不为什么也会杀人的。"

李寻欢道："但现在已过了二十年，你能躲过这二十年，并不容易。若为了这种事将自己身份暴露，岂非划不来。"

老人动容道:"你已知道我是谁了?"

李寻欢笑了笑,道:"你莫忘记,'紫面二郎'孙逵在二十年前是多么出风头的人物,居然敢和江南七十二道水陆码头总瓢把子的妻子私奔,这种勇气我实在佩服。"

老人怒道:"此时此刻,你还敢出言不逊?"

李寻欢道:"你莫以为我这是在讽刺你,一个男人肯为了自己心爱的女子冒生命之险,负天下之谤,甚至不惜牺牲一切,这种男人至少已不愧是个男人,我本来的确对你很佩服的,可是现在……"

他摇了摇头,长叹道:"现在我却失望得很,因为我想不到紫面二郎居然也是个鬼鬼祟祟的小人,只敢在暗中下毒,却不敢以真功夫和人一决胜负。"

孙逵怒目望着他,还未说话,突听一人笑道:"这你倒莫要冤枉了他,下毒也要有学问的,就凭他,还没有这么大的本事。"

这是个女子的声音,而且很动听。

李寻欢微笑道:"不错,我早该想到这是蔷薇夫人的手段了,李寻欢能死在二十年前名满江湖的美人手上倒也不虚此生。"

那声音吃吃笑道:"好会说话的一张嘴,我若在二十年前遇到了你,只怕就不会跟他私奔了。"

笑声中,她的人已扭动着腰肢走了出来。

过了二十年之后,她还并不显得太老,眼睛还是很有风情,牙齿也还很白,可是她的腰——

她实在已没有腰了,整个人就像是一个并不太大的水缸，装的水最多也只不过能灌两亩田而已。

李寻欢的表情就像是刚吞下一整个鸡蛋。

这就是蔷薇夫人？他简直无法相信。

美人年华老去，本是件很令人惋惜、令人伤感的事，但她若不知道自己再也不是双十年华，还拼命想用束腰扎紧身上的肥肉，用脂粉掩盖着脸上的皱纹，那就非但不再令人伤感，反而令人恶心可笑。

这道理本来再也明显不过，奇怪的是，世上大多数女人，对这道理都不知道——也许是故意拒绝知道。

蔷薇夫人穿着的是件红缎的小皮袄，梳着万字髻，远远就可以嗅到一阵阵刨花油的香气。

她望着李寻欢笑道："好一位风流探花郎，果然是名不虚传，我已经有二十年没有瞧见过这么神气的男人了，可是二十年前……"

她叹了口气，接着道："二十年前我们家里却总是高朋满座，那时候江湖道上的少年英雄，风流剑客，有哪一个不想来拜访拜访我？只要能陪我说两句话，看我一眼，他们就好像吃了人参果似的，开心得要命，你不信问他好了。"

孙逵沉着脸，抱定主意不开口。

李寻欢望着蔷薇夫人脖子上就像风中蔷薇般在抖动着的肥肉，再看看孙逵，暗中不禁叹息。

他已看出这老人这二十年的日子并不好过。

蔷薇夫人又叹了口气，道："可是这二十年来，实在把我憋苦了，每天躲在屋子里，连人都不敢见，我真后悔当初怎么会跟着这个没出息的男人逃走。"

孙驼忍不住也长长叹息了一声,喃喃道:"谁不后悔,谁是王八蛋。"

蔷薇夫人叫了起来,跳着脚道:"你在说什么?你说!老娘放着好日子不过,跟着你到这个鬼地方来受苦,一个如花似玉的大美人,被你糟蹋成这个样子,你还有什么好后悔的?你说,说呀!"

孙驼鼻子里直抽气,嘴又紧紧闭了起来。

蔷薇夫人道:"探花郎,你说,这种男人是不是没有良心,早知道他会变成这样子,那时我还不如……不如死了好些。"

她拼命用手揉着眼睛,只可惜连一滴眼泪也没有揉出来。

李寻欢笑道:"幸好夫人没有死,否则在下就真的要遗憾终生了。"

蔷薇夫人娇笑道:"真的么?你真的这么想见我?"

李寻欢道:"自然是真的,像夫人这么胖的美人,到哪里才能找到第二个?"

蔷薇夫人脸都气白了,孙驼却忍不住笑了起来。

李寻欢道:"其实夫人得到这件金丝甲也没有用的,因为就算将夫人从中间分成两半,也穿不上它。"

蔷薇夫人咬着牙,道:"你……我若让你死得痛快了,我就对不起你。"

她自头上拔下了一根很细很尖的金簪,咬着牙走向李寻欢,李寻欢居然还是安坐不动,稳如泰山。

孙遶皱眉道："金丝甲既已到手，我们还是赶快办正事去吧，何必跟他过不去？"

蔷薇夫人吼道："老娘的事，用不着你管！"

李寻欢竟真的已不能动，眼睁睁地望着她。

谁知她刚冲到李寻欢面前，刚想将那根金簪刺入他的眼睛，孙遶忽然从后面飞起一脚，将她踢上屋顶。

她百把斤重的身子撞在屋顶上，整个屋子都快被她震垮了，等她跌下来的时候，已只剩下半口气。

李寻欢也有些惊讶，忍不住问道："你难道是为了救我而杀她的？"

孙遶恨恨道："这二十年来，我已受够了她的气，已经快被她缠疯了，我若不杀了她，不出半年就要被她活活逼死。"

李寻欢道："但这是你自己心甘情愿的，你莫忘记，二十年前……"

孙遶道："你以为是我勾引她的，你以为我想带着她私奔？"

李寻欢道："难道不是？"

孙遶叹道："我遇见她的时候，根本不知道她是杨大胡子的老婆，所以才会跟她……"

他干咳了两声，才接着道："谁知她竟吃定了我，非跟我走不可，那时杨大胡子已带着二三十个高手来了！我不走也不行了。"

李寻欢道："至少她是真的喜欢你，否则她为什么要这样做？"

孙逵道:"喜欢我?嘿嘿……"

他咬着牙冷笑道:"后来我才知道,我只不过是她拉到的替死鬼。原来她早就趁杨大胡子出关的时候,姘上了一个小白脸,而且有了孩子,她怕杨大胡子回来后无法交账,就卷带着些细软和那小白脸私奔了。"

李寻欢道:"哦?原来其中还有这么段曲折。"

孙逵道:"谁知那小白脸却又将她从杨大胡子那里偷来的珠宝偷走了一大半,她人财两空,正不知该怎么好,恰巧遇上了我这倒霉鬼。"

李寻欢道:"你既然知道这件事,为何不向别人解释?"

孙逵苦笑道:"这是她后来酒醉时才无心泄露的,那时生米早已煮成熟饭,我再想解释已来不及了。"

李寻欢道:"她那孩子呢?"

孙逵闭着嘴不说话。

李寻欢叹息了一声,道:"既然如此,你早就该杀她了,为什么要等到现在?"

孙逵还是不说话。

李寻欢道:"我反正已离死不远,你告诉我又有什么关系?"

孙逵沉吟了很久,才缓缓道:"开酒店有个好处,就是常常可以听到一些有趣的事……你可知道近来江湖中最有趣的事是什么?"

李寻欢道:"我又没有开酒店。"

孙逵四下望了一眼,就好像生怕有人偷听似的。

然后他才压低声音道:"你可知道,三十年前横行天下的'梅花盗'又出现了!"

"梅花盗"这三个字说出来,李寻欢也不禁为之动容。

孙逵道:"梅花盗横行江湖的时候,你还小,也许还不知道他的厉害,但我却可以告诉你,当时江湖中没有一个人不知道他的,连点苍的掌门,当时号称江湖第一剑客的吴问天,也都死在他手上。"

他歇了口气,又道:"而且此人行踪飘忽,神鬼莫测,吴问天刚扬言要找他,第二天就死在自己的院子里,全身一无伤痕,只有……"

说到这里,他忽然停了下来,又四下望了一眼,像是生怕那神鬼难测的"梅花盗"会在他身后忽然出现。

但四下却是一片死寂,甚至连雪花飘在屋顶上的声音都听得到,孙逵这才吐出口气,接着道:"只有胸前多了五个像梅花般排列的血痕,血痕小如针眼,人人都知道那就是梅花盗的标志,但却没有人知道他用的究竟是件极毒辣的暗器,还是件极厉害的外门兵刃。因为和他交过手的人,没有一个还能活着的,所以也没有人知道他的本来面目。"

他语声刚停下来,忽又接着道:"大家只知道他必定是个男的。"

李寻欢道:"哦?"

孙逵道:"因为他不但劫财,还要劫色,江湖中无论黑白两道,都恨他入骨,却拿他一点法子也没有,但只要有人说出要和他作对的话,不出三天,必死无疑,胸前必定带着他那独门的标志。"

李寻欢道："凡是死在他手上的人，致命的伤痕必在前胸，是么？"

孙遛道："不错，前胸要害，本是练家子防卫最严密之处，但那梅花盗却偏偏要在此处下手，从无例外，好像若不如此，就不足以显出他的厉害。"

李寻欢笑了笑，道："所以你认为只要穿上这件金丝甲，就能将梅花盗制住，只要你能将梅花盗制住，就可以扬眉吐气，扬名天下，黑白两道的人都会因此而感激你，再也没有人会找你算那笔老账了。"

孙遛目光闪动，道："江湖中人人都知道，只要能躲得过他前胸致命之一击，就已先立于不败之地，就有机会将他制住！"

他面上神采飞扬，接着道："因为他这一击从未失手，所以他作此一击时，就不必留什么退路，对自己的防卫必定疏忽。"

李寻欢道："听来倒像是蛮有道理……"

孙遛大笑道："若是没有道理，江湖中也不会那么多人一心想将这金丝甲弄到手了。"

李寻欢道："可是你在这里种种花，喝喝酒，你的对头早已渐渐将你忘怀了，你的日子难道过得还不够舒服么？为什么还要找这些麻烦呢？"

第四章

美色惑人意

孙逵笑道："你懂得什么？我若能将梅花盗置之于死地，非但从此扬眉吐气，而且……而且那好处也不知有多少。"

李寻欢道："还有什么好处？"

孙逵道："梅花盗自从在三十年前销声匿迹之后，江湖中人本都以为他已恶贯满盈死了，谁知半年多以前他竟忽又出现，就在这短短七八个月里，他已又做了七八十件巨案，连华山派掌门人的女儿，都被他糟蹋了。"

李寻欢道："此人算来已该有七十左右，想不到兴趣居然还如此浓厚。"

孙逵道："自从他再次出现后，江湖中稍有资产的人，都已人人自危，稍有姿色的女子，更是寝食难安……"他顿了顿接道，"所以已有九十余家人在暗中约定，无论谁杀了梅花盗，他们就将自己的家财分出一成来送给他，这数目自然极为可观。"

李寻欢道："这就是那已不成为秘密的秘密么？"

孙逵点了点头，又道："除此之外，江湖中公认的第一美人也曾扬言天下，无论僧俗老少，只要他能除去梅花盗，她就嫁给他。"

李寻欢叹了口气，苦笑道："财色动人心，这就难怪你放着好好的日子不过，要来蹚这趟浑水了，也就难怪你要杀了自己的老婆，现在，看来只怕要轮到我了。"

孙逵道："凭良心讲，我也觉得你死得很冤枉，可是又非杀了你不可。"

李寻欢忽然笑了，悠然道："凭良心讲，你觉得杀我是件很容易的事么？"

孙逵的铁拳已将举起，此刻又不禁放下，瞪着李寻欢望了半晌，嘴角渐渐露出了一丝微笑，道："像你这样的人居然能活到现在，可见要杀你实在不容易，但是现在……"

忽然间，门外传来一阵响亮的笑声。

一人大笑道："凭良心讲，你看他现在像是已中了毒的样子么？"

孙逵一惊，转身，厨房的小门前，不知何时已站着个青衣人，他身材并不矮，也不太高，神情悠闲而潇洒，一张脸却是青惨惨、阴森森的，仿佛戴着面具，又仿佛这就是他本来的面目。

他背负着双手，悠然踱了进来，喃喃叹着道："一个人若想在酒徒的酒中下毒，那么无论多么愚蠢的事他只怕都能做得出来了……你说是么？"

最后一句话他是问李寻欢的，李寻欢忽然发现这人竟有双动人的眼睛，和他的脸实在太不相衬。那就像是嵌在死猪肉上的两粒珍珠似的。

李寻欢望着这双眼睛,微笑着道:"和赌鬼赌钱时弄鬼,在酒鬼杯中下毒,当着自己的老婆说别的女人漂亮——无论谁做了这三件事,都一定会后悔的。"

青衣人冷冷道:"只可惜他们后悔时大多已来不及了!"

孙遽呆呆地望着他们,忽然冲过去攫起了那只酒壶。

李寻欢微笑道:"你用不着再看,酒中的确有毒,一点也不假。"

孙遽嗄声道:"那么你……"

李寻欢道:"酒中是否有毒,别的人也许看不出,但像我这样的酒鬼,用鼻子一嗅就知道酒味是否变了。"

他笑着接道:"这也是喝酒的好处,不喝酒的人都应该知道。"

孙遽道:"但……但我明明看到你将那杯酒喝下去的。"

李寻欢淡淡笑道:"我虽然喝了下去,但咳嗽时又全都吐出来了。"

孙遽身子一震,手里的酒壶"当"地掉在地上。

青衣人道:"看来他现在已觉得很后悔,但是已来不及了。"

孙遽怒吼一声,吼声中已向这青衣人攻出三拳。

这二十年来,他非但未将武功搁下,反而更有精进,这一拳招沉力猛,拳风虎虎,先声已夺人。

任何人都可以看出,他这三拳虽然未必能击石如粉,但要将一个人的脑袋打碎，却是绰绰有余。

那青衣人全身都似已在拳风笼罩之下，看来非但无法招架，简直连闪避都未必能闪避得开。

谁知他既未招架，也未闪避，只是轻轻一挥手。

他出手明明在孙逵之后，但也不知怎地，孙逵的拳头还未沾着他衣裳，他这一掌已掴在孙逵脸上。

他只不过像拍苍蝇似的轻轻掴了一掌，但孙逵却杀猪般狂吼了起来，一个筋斗跌倒在地上。

等他挣扎着想爬起来，左边的半边脸已肿起了半尺高，红里发紫，紫中透明，连眼睛都已被摔到旁边去了。

青衣人淡淡道："凭良心讲，你死得也实在有些冤枉，我本来并不想杀你的，可是我这只手……"

孙逵没有肿的半边脸上连一丝血色都没有，每一根肌肉在扭紧着，衬着另半边脸上一堆死肉，那模样真是说不出的狰狞可怕。

他剩下的一只眼睛里更充满了惊惧之色，望着青衣人的一只手，嘶声道："你的手……你的手……"

青衣人手上，戴着双暗青色的铁手套，形状看来丑恶而笨拙，但它的颜色却令人一看就不禁毛骨悚然。

孙逵目中的惊惧已变为绝望，声音也愈来愈微弱，喃喃道："我究竟作了什么孽？竟叫我今日还见着青魔手？……李……李探花，你是个好心人，求求你杀了我吧，快杀了我吧。"

李寻欢仍坐在那里没有动，眼睛也盯在青衣人的那双手上，只不过用脚尖将那半截链子枪头拨到孙逵的手边。

孙途挣扎着拾起了它，颤声道："谢谢你，谢谢你，我死也忘不了你的好处。"

他用尽全身力气，将那链子枪头插入了自己的咽喉，自喉头溅出来的鲜血，已变为紫黑色的，就像是从阴沟里流出来的臭水。

李寻欢阖起眼睛，叹了口气，黯然道："武林有七毒，最毒青魔手……这话看来倒没有夸张。"

青衣人也在望着自己的一双手，居然也叹了口气道："别人都说挨了青魔手的人生不如死，只想愈快死愈好，的确没有夸张。"

李寻欢目光移到他脸上，沉声道："但阁下却并非'青魔'伊哭。"

青衣人道："你怎知道我不是，你认得他？"

李寻欢道："嗯。"

青衣人似乎笑了笑，道："我倒也并不是想冒充他，只不过是他的……"

李寻欢道："伊哭没有徒弟。"

青衣人道："谁说我是他的徒弟，就凭他，做我的徒弟都不配。"

李寻欢道："哦？"

青衣人道："你以为我在吹牛？"

李寻欢淡淡道："我对阁下的来历身份并没有兴趣。"

青衣人动人的眼睛忽然发出了锐利的光，瞪着李寻欢道："你对什么有兴趣？金丝甲？"

李寻欢没有回答，只是缓缓抚摸着手里的小刀。

青衣人目光也落在这柄小刀上，道："别人都说你'出手一刀，例不虚发'，这话不知有没有夸张？"

李寻欢道："以前也有很多人对这句话表示怀疑。"

青衣人道："现在呢？"

李寻欢目中闪过一丝萧索之意，缓缓道："现在人都已死了！"

青衣人默然半响，忽然笑了起来。

他笑的声音很奇特，就像是硬逼出来的，笑声虽很大，他面上却仍死鱼般全无表情，道："老实说，我的确想试试。"

李寻欢道："我劝你最好不要试。"

青衣人顿住笑声，又瞪了李寻欢几眼，道："金丝甲就在锅里那死人身上，是吗？"

李寻欢道："嗯。"

青衣人道："现在我若去动那死人，那么……"

李寻欢打断了他的话，道："那么你只怕也要变成死人了！"

青衣人又笑了，道："我并不是怕你，只不过我这人天生不喜欢赌博，也不喜欢冒险。"

李寻欢道："这是种好习惯，只要你能保持，一定会长命的。"

青衣人目光闪动着，道："但我总有法子能令你将这金丝甲让给我的。"

李寻欢道："哦？"

青衣人道:"你总该知道,这'青魔手'乃是伊哭采金铁之英,淬以百毒,锻冶了七年才制成的,可说是武林中最霸道的兵刃之一。"

李寻欢道:"百晓生作'兵器谱',青魔手排名第九,可算珍品。"

青衣人道:"那么,我若将这青魔手送给你,你肯不肯将金丝甲让给我?"

李寻欢沉默了半晌,望着手里的小刀,缓缓道:"我这把小刀只不过是大冶的铁匠,花了三个时辰打好的,但百晓生品评天下兵器,小李飞刀却排名第三!"

青衣人长长叹了口气,道:"你的意思是说,兵器的好坏并没有关系,主要的是要看用兵器的是什么人?"

李寻欢微笑道:"阁下是聪明人。"

青衣人道:"所以你不肯。"

李寻欢道:"我若想要它,现在它就不会在你的手上了!"

青衣人沉吟了半晌,忽然自怀中取出个长而扁的匣子。

他将这匣子慎重地放在桌上,用两只戴着铁手套的手,笨拙地将匣子打开,立刻便有一阵剑气砭人肌肤。

这黝黑的铁匣子里,竟是柄寒光照人的短剑。

青衣人道:"宝剑赠英雄,这柄'鱼肠剑',天下无双,总该能配得过你了吧。"

李寻欢动容道:"阁下莫非是'藏剑山庄'藏龙老人的子弟?"

青衣人道:"不是。"

李寻欢道:"那么,阁下这柄剑是那里来的?"

青衣人道:"老龙已死了,这是他儿子游龙生送给我的。"

李寻欢道:"鱼肠剑乃上古神兵、武林重宝,'藏剑山庄'也以剑而名,若非因为藏龙老人与少林、武当、昆仑三大派的掌门人俱是生死之交,此剑早已被人夺去,虽是如此,藏剑山庄为了此剑还是不知经过多少次浴血战,那游少庄主又怎会将这传家之宝轻易送人呢?"

青衣人冷冷一笑,道:"莫说是柄剑,我就算要他将头颅送给我,他也绝不会拒绝的,你信不信?"

李寻欢沉默了半晌,道:"此剑价值只怕还在金丝甲之上,阁下为何要以贵易贱?"

青衣人道:"我这人天生有个脾气,愈不容易到手的东西,我愈想要。"

李寻欢笑了笑,道:"恰巧我也有这种脾气。"

青衣人道:"你还是不肯?"

李寻欢道:"不肯。"

青衣人怒道:"你为何一定非要那金丝甲不可?"

李寻欢道:"那是我的事,与阁下无关。"

青衣人仰天打了个哈哈,道:"久闻'小李探花'一向淡泊名利,视富贵如浮云,二十年前弃功名如粪土,十年前又散尽了万贯家财,隐姓埋名,萧然出关……这样的人,为什么会对区区一件金丝甲看得那么重呢?"

李寻欢淡淡道:"我的原因,只怕和阁下一样。"

青衣人瞪着他，道："你莫非是为了那天下第一的美人。"

李寻欢笑了笑，道："也许。"

青衣人也笑了，道："不错，我也早就听说过，你对佳人和美酒，是从来不肯拒绝的。"

李寻欢道："只可惜阁下并非绝代之佳人。"

青衣人笑道："你怎知我不是？"

"他"的笑声忽然变了，变得银铃般娇美。

笑声中，她缓缓脱下了那双暗青色的手套，露出了她的手来……

李寻欢从来也没有见过如此美丽的手。

"小李风流"，他这一生中，也不知和多少位绝色美人有过幽期密会，他掌中没有拿着飞刀和酒杯的时候，也不知握过多少双春葱般的柔荑。

美人的手，大多都是美丽的。

可是他却发现无论多么美的手，多多少少总有一些缺陷，有的是肤色稍黑，有的是指甲稍大，有的是指尖稍粗，有的是毛孔稍大……就连那使他魂牵梦萦、永生难忘的女人，那双手也并非全无瑕疵的。

因为她的个性太强，所以她的手也未免稍觉大了些。

但现在展示在他眼前的这双手，却是十全十美，毫无缺陷，就像是一块精心琢磨成的羊脂美玉，没有丝毫杂色，又那么柔软，增之一分则太肥，减之一分则太瘦，既不太长，也不太短。

就算最会挑剔的人，也绝对挑不出丝毫毛病来。

青衣人柔声道："你看我这双手是不是比青魔手好看些呢？"

她的声音也忽然变得那么娇美，就算用"出谷黄莺"这四个字来形容，也嫌太侮辱了她。

李寻欢叹了口气，道："你用这双手杀人，也没有人能抵抗的，又何必再用青魔手？"

青衣人娇笑着，道："现在我再和你谈判交换，条件是不是已好了些？"

李寻欢道："还不够好。"

青衣人用她那双毫无瑕疵的手一拉袖子，她的衣袖就断落了下来，露出了一双丰盈而不见肉、纤美而不见骨的手臂。

手，本来已绝美，再衬上这双手臂，更令人目眩。

青衣人道："现在呢？"

李寻欢道："还不够。"

青衣人哈哈笑道："男人都贪心得很，尤其是有本事的男人，愈有本事，贪心愈大……"

她身子轻轻地扭动，说完了这句话，她身上已只剩下一缕轻纱制成的内衣，雾里看花，最是销魂。

李寻欢已将没有毒的酒倒了一杯，举杯笑道："赏花不可无酒，请。"

青衣人道："我知道你还是觉得不够，是吗？"

李寻欢笑道："男人都贪心得很。"

青衣人银铃般笑着，褪下了鞋袜。

任何人脱鞋子的姿态都不会好看的，但她却是例外，任何人的脚都难免有些粗糙，她也是例外。

她的脚踝是那么纤美，她的脚更令人销魂，若说世上有很多男人情愿被这双脚踩死也一定不会有人怀疑的。

接着，她又露出了她那双修长的、笔直的腿。

在这一霎间，李寻欢连呼吸都似乎已停止。

青衣人柔声道："现在还不够么？"

李寻欢将杯中酒一饮而尽，笑道："我现在若说够，我就是呆子了。"

没有人能想象世上竟有如此完美的躯体，现在，她已将躯体毫无保留地展示在李寻欢眼前。

她的胸膛坚挺，双腿紧并……

在这诱人的躯体后，却有三具死尸，但这非但没有减低她的诱惑，反而更平添了几分残酷的煽动力。

那实在可以令任何男人犯罪。

唯一的遗憾是，她还没有将那青惨惨的面具除下来。

她只是用那双诱人的眼睛望着李寻欢，轻轻喘息着道："现在总该够了吧。"

李寻欢望着她脸上的面具，微笑道："已差不多了，只差一点。"

青衣人道："你……你已经应该知足了。"

李寻欢道："容易知足的男人，时常都会错过很多好东西。"

青衣人的胸膛起伏着，那一双嫣红的蓓蕾骄傲地挺立在李寻欢眼前，似乎已在渐渐胀大……

她轻轻颤抖着道:"你何必一定要看我的脸,这么样,岂非反而能增加几分幻想、几分情趣?"

李寻欢道:"我知道有许多身材很好的女人,一张脸却是丑八怪。"

青衣人道:"你看我像丑八怪么?"

李寻欢道:"那倒说不定。"

青衣人叹了口气,道:"你真是个死心眼的人,但我劝你最好还是莫要看到我的脸。"

李寻欢道:"为什么?"

青衣人道:"我和你交换了那金丝甲后,立刻就会走的,以后只怕永远再也不会相见,你给我金丝甲,我给你世上最大的快乐,这本是很公道的交易,谁也不吃亏,所以以后谁也不必记着谁。"

李寻欢道:"有理。"

青衣人道:"但你只要看到我的脸后,就永远再也不能忘记我了,而我,却是一定不会再跟你……跟你要好的,那么你难免就要终日相思,岂非自寻烦恼。"

李寻欢笑了,道:"你倒对自己很有自信。"

青衣人的纤手自胸膛上缓缓滑下去,带着诱人的媚笑道:"我难道不该有自信?"

李寻欢悠然道:"也许我不肯和你做这交易呢?"

青衣人似乎怔了怔,道:"你不肯?"

她终于伸起手,将那面具褪了下来。

然后,她就静静地望着李寻欢,像是在说:"现在你还不肯么?"

这张脸实在美丽得令人窒息，令人不敢逼视，再配上这样的躯体，世上实在很少有人能抗拒。

就算是瞎子，也可以闻得到她身上散发出的那一缕缕甜香，也可以听得到她那销魂荡魄的柔语。

那已是男人无法抗拒的了。

李寻欢不禁又叹了口气，道："难怪伊哭那样的人会将'青魔手'送给你，难怪游少庄主肯心甘情愿地将他传家之宝奉献在你足下，我现在实已无法不信。"

这赤裸着的绝代美人只是微笑着，没有说话。

因为她知道自己用不着说话了。

她的眼睛会说话，她的媚笑会说话，她的手、她的胸膛、她的腿……她身上每分每寸都会说话。

她知道这已经足够了，若有男人还不明白她的意思，那人一定是白痴。

她在等待着，也在邀请。

但李寻欢偏偏还没有站起来，反而倒了杯酒，缓缓喝了下去，又倒了杯酒，才举杯笑道："我已经很久没有这样的眼福了，谢谢你。"

她咬着嘴唇，垂着头道："想不到像你这样的男人，还要喝酒来壮胆。"

李寻欢笑道："因为我知道漂亮的女人也都很不容易满足的。"

她"嘤咛"一声，蛇一般滑入了李寻欢的怀抱。

酒杯"当"地跌在地上，碎了。

李寻欢的手沿着她光滑的背滑了下去，但另一只手上却仍握着那柄刀，短而锋利的小刀！

少女的躯体扭动着，柔声道："男人在做这种事的时候，手里不该还拿着刀的。"

李寻欢的声音也很温柔，道："男人手里拿着刀时，你就不该坐在他怀里。"

少女媚笑道："你……你难道还忍心杀我？"

李寻欢也笑了，道："一个女孩子不可以如此自信，更不可以脱光了来勾引男人，她应该将衣服穿得紧紧的，等着男人去勾引她才是，否则男人就会觉得无趣的。"

他的手已抬起，刀锋自她脖子上轻轻划了过去，鲜血一点点溅在她白玉般的胸膛上，就像是雪地上一朵朵鲜艳的梅花。

她已完全吓呆了，柔软的躯体已僵硬。

李寻欢微笑道："你现在还有那么大的自信，还认为我不忍杀你吗？"

刀锋，仍然停留在她的脖子上。

她的嘴唇颤抖着，哪里还说得出话。

李寻欢叹了口气，道："我希望你以后记住几件事：第一，男人都不喜欢被动的；第二，你并没有自己想象中那么漂亮。"

少女紧咬着嘴唇，颤声道："我……我已经服了你了，求求你将刀拿开吧。"

李寻欢道："我还想问你一件事。"

少女道："你……你说……"

李寻欢道："你想要的东西，有很多男人都会送给你,所以你绝不会贪图钱财;你自己是个女人,自然也不会是为了贪图美色。那么你究竟是为了什么,才不惜牺牲一切,一心想要得到这金丝甲呢?"

少女道:"我早已说过了,愈得不到的东西,我愈想要……"

李寻欢沉默了半晌,淡淡笑道:"我不将刀从你的脖子上拿开,你难道就不能将你的脖子从我的刀上拿开吗?"

少女立刻从他怀中蹿了出去,就像是一只被主人弄疼了的猫。

李寻欢道:"天气冷得很,不穿上衣服会着凉的。"

少女瞪着他,美丽的眼睛里似已将冒出火来。

但过了半晌,她忽又笑了,嫣然道:"我早就知道,你还是不忍杀我的。"

李寻欢道:"哦?真的么?"

他轻抚着手里的刀锋,悠然道:"我说完了这句话你若还不走,这柄刀就会插在你脖子里,你信不信?"

少女没有再说话了。

她咬着牙,攫起了衣服,猫一般蹿了出去。

只听她恶毒的骂声远远传来,道:"李寻欢你不是男人,根本就不是个人!根本就不中用,难怪你未过门的妻子会跟你最好的朋友跑了,我现在才知道是为了什么!"

大地积雪,雪光映照下,外面明亮得很,但这厨房却幽暗得如同坟墓,令人再也不愿停留片刻。

可是李寻欢却仍然静静地坐在那里,连姿势都没有变。

他目光中充满了悲哀和痛苦,那少女所说的话,就像是一根根针,深深地刺入了他的心。

未来的妻子……最好的朋友……

第五章

风雪夜追人

李寻欢抓起酒壶，将剩下来的酒全都灌了下去，然后就不停地咳嗽，苍白的脸上又现出凄艳的血红色。他手抚着胸膛，凄然自语道："啸云、诗音，我绝不怪你们，无论别人怎么说，我都不会怪你们，因为我知道你们并没有错，所有的错，都是我一个人造成的。"

忽然间，木板门砰的一响！

一个人自门外爬了起来，他看来就像是个肉球似的，腹大如鼓，全身都挤着肥肉，全身都沾染着泥垢，头发和胡子更乱得一塌糊涂，就像是已有许多年没有洗过澡，远远就可以嗅到一阵阵酸臭气。

他爬着滚了进来，因为他两条腿已被齐根斩断。

李寻欢皱了皱眉，道："朋友若是来要饭的，可真是选错时候了。"

这人像是根本没听见，他虽然臃肿而残废，行动却并不呆笨，双手一按，身子一滚，已到了炉灶前。

李寻欢讶然道："阁下难道也是为了这金丝甲来的么？"

这人两只手又一按，蛤蟆般跳上了炉灶，尸体还在这大铁锅里，金丝甲也还在这尸体上。

李寻欢冷冷道："在下手里的刀并非杀不死人的，阁下若还不住手，这里只怕就又多一个死人了。"

这人竟还是不理他，七手八脚，就将金丝甲剥了下来，看来那只不过是件金色的马甲而已，也并没有什么神奇之处。

奇怪的是，李寻欢竟还是安坐不动，手里的飞刀也未发出，只是瞪着这怪人，目中反而露出了惊惧之色。

只见这怪人两只手紧抱着金丝甲，仰首大笑道："鹬蚌相争，渔翁得利。想不到这宝贝竟到我手里了！"

李寻欢冷冷道："在下人还在这里，刀还在手中，阁下说这话，只怕还太早了些。"

这怪人又蛤蟆般跳了下来，滚到李寻欢面前，望着李寻欢咧嘴一笑，露出了满嘴发黄的牙齿。

他咯咯笑着道："你的刀既然在手里，为什么不杀我呢？小李飞刀，例不虚发，你飞刀一出，我这残废是万万躲不开的呀。"

李寻欢也咧嘴一笑，道："我觉得你很可爱，所以不忍杀你。"

这怪人大笑了几声，道："你若不愿说，我就替你说吧。"

他大笑着接道："别人都以为你没有中毒，但我却知道你是中毒了，只不过你的确很沉得住气，所以别人都上了你的当。"

李寻欢神色不动，道："哦？"

这怪人道："但你却休想要我上当，只因我知道下在酒中的毒是既无色，也无味的，你的鼻子就算比狗还灵，也休想闻得出。"

李寻欢望了他很久，才淡淡一笑，道："阁下真的知道得这么清楚？"

这怪人咯咯笑道："我当然知道得很清楚，因为毒就是我下的！你中毒没有，我也看得出，你可以骗过世上所有的人，但却骗不过我！"

李寻欢的脸色虽还没有变，但眼角的肌肉已在不停地跳动，过了很久，才长长叹息了一声，道："一天还没有过完，我遇见出人意料的事已有六七件了，看来我今天的运气实在不错。"

这怪人道："阁下难道不想知道是死在什么人手上的吗？"

李寻欢道："正想请教。"

这怪人道："阁下博闻广见，总该知道江湖中有七个最卑鄙无耻的人……"

李寻欢失声道："七妙人？！"

这怪人哈哈大笑道："一点也不错！这七妙人当真是男盗女娼，无耻之尤，别的武功他们学不好，但迷香下毒，偷鸡摸狗，诱奸拐骗，这一类的功夫在江湖中却可算是首屈一指、独步天下的了！"

李寻欢睁大眼睛望着他，道："阁下难道也是七妙人其中之一么？"

这怪人道:"七妙人中又有个最卑鄙无耻的人,就叫作……"

李寻欢道:"妙郎君花蜂。"

这怪人笑道:"错了一点,他的全名是'黑心妙郎君',此人不学无术,连采花都不大敢,只会勾引良家妇女骗财骗色,但若论起下毒的功夫来,有时连那位五毒极乐童子都要逊他一筹。"

李寻欢道:"阁下对此人倒清楚得很。"

这怪人笑嘻嘻道:"我当然对他清楚得很,因为我就是他,他就是我。"

李寻欢长长吸了口气,这才真的怔住了。

花蜂大笑道:"阁下很奇怪吗?妙郎君怎会是个大肉球?"

李寻欢叹道:"阁下这样的人若也能勾引良家妇女,那些女人只怕是瞎子。"

花蜂道:"你又错了,我勾引的人非但不是瞎子,而且每个人眼睛都美得很,只不过一个人若被斩断了腿关在地窖里,每天只喂他吃一碗不加盐的猪油拌饭,他就算是潘安,几年后也要变成肉球了。"

李寻欢皱眉道:"这难道是'紫面二郎'夫妇下的毒手?"

花蜂沉吟了半晌,笑道:"他刚才讲了个故事给你听,现在我也讲一个,只不过我这故事比他曲折、有趣多了。"

李寻欢道:"哦?"

花蜂道:"那年我运气不好,鬼迷了眼,竟去勾引大胡子的老婆,更倒霉的是,居然还弄出了个孩子来,所以她就非跟我跑不可了。"

李寻欢讶然道:"原来紫面二郎说的那人就是你,他就是替你背黑锅的。"

花蜂道:"他只说错了一点。"

李寻欢道:"哦?"

花蜂道:"我并没有将她带出来的珠宝拐走,就算我这么想,也不行,因为这女人比鬼还精,我根本就没机会下手。"

他叹了口气,接着道:"可是那时大胡子已发觉了此事,追踪甚急,我这人胆子最小,就想找个人来替我背黑锅,所以我就要小蔷薇去勾引紫面二郎,她本来不肯,说他的脸不白,到后来才总算被我说动了。"

李寻欢道:"原来你两人竟是串通好的。"

花蜂道:"那时我若索性将计就计,甩手一走,倒也没事了,可是小蔷薇从大胡子那里卷带出的珠宝实在不少,我又舍不得,所以我就跟她约好,等到这件事稍为平静些的时候,我再来找她,将紫面二郎踢开。"

他又叹了口气,才接着道:"但我却忘了天下没有不变心的女人,她跟紫面二郎朝夕相处,居然动了真情,等我再来找她时,他们两人竟一起动手,将我击倒,又斩断我两条腿,让我受了十几年的活罪。"

李寻欢皱眉道:"她为何不索性杀了你?"

花蜂苦笑道:"我若了解女人的心,也就不会变成这样子了。"

这次他叹气叹得更长,接着道:"以前我总以为自己很了解女人,所以才会有这种报应,一个男人若以为自己了解女人,他无论受什么罪都是活该的。"

李寻欢也叹息了一声,道:"这故事的确比方才那故事有趣多了。"

花蜂道:"最有趣的一件事你还未听到哩。"

李寻欢道:"哦!"

花蜂道:"你中了我的毒,非但用不了力,而且三个时辰之内,就非死不可,所以我现在绝不杀你,让你坐在这里慢慢享受等死的滋味。"

李寻欢淡淡道:"这倒用不着,等死的滋味,我也享受过许多次了。"

花蜂狞笑道:"但我却可以保证这必定是最后一次!"

李寻欢笑了笑,道:"既是如此,阁下就请便吧,只不过……外面风雪交加,冰雪遍地,阁下这样子,能走得远么?"

花蜂道:"这倒不劳阁下费心,没有腿的人,也可以骑马的,我已听到外面的马嘶,而且中气很足,想必是几匹好马。"

他大笑着往外面爬了出去,还挥着手笑道:"再见再见。"

李寻欢也微笑道:"慢走慢走,恕在下不能远送了,实在抱歉得很。"

外面马嘶不绝,蹄声渐渐远去。

李寻欢静静地坐在那里,望着桌子上的酒壶。

一壶酒已空了,另一壶还有酒。

李寻欢拿起酒壶嗅了嗅,又尝了一口,喃喃道:"果然是无色无味,此君下毒的本事的确不错。"

他又喝了一大口,闭起眼睛道:"这酒也的确不错,喝一杯是死,喝一壶也是死,我为何不多喝些,也免得糟蹋了如此好酒。"

他竟真的将一壶毒酒全都喝了下去,又喃喃道:"李寻欢呀李寻欢,你早就该死的,死又何妨?但至少你总不能死在厨房里,和这些人死在一起呀。"

于是他就挣扎着站起来,摇摇晃晃地走了出去。

雪地上蹄印交错,直奔东南。

李寻欢选了一块最干净的雪地,盘膝坐了下来,又自怀中摸出那个还没有刻好的人像。

这人像已稍具轮廓了,一双眼睛似乎正在凝注着李寻欢,眉梢眼角,似乎带着淡淡的忧郁。

李寻欢凄然一笑,道:"你何必看着我,我只不过是个不可救药的浪子、酒鬼,你嫁给啸云是对的,错的只是我。"

他用力去刻,想完成这人像。

可是他的手已不稳,已全无力气,锋利的刀竟连木头都刻不动了。

天气幽暗,穹苍低垂,又在下雪。

李寻欢伏在雪地上不停地咳嗽，每一声咳嗽都仿佛是在呼唤。

"诗音、诗音……"

诗音听得到么？

诗音绝不会听到的，但却有人听到了。

虬髯大汉背负着李寻欢，在雪地上追踪着蹄印狂奔。

"只有在两个时辰内，找到一个双腿被斩断，就像肉球般的人，我也许还有一线生机。因为下毒的人必有解药。"

这是李寻欢所能说出的最后一句话。

虬髯大汉几乎将每一分潜力都使了出来，眼泪已在他眼眶下凝结成冰粒，寒风迎面刮来，就像是刀。

忽然间，寒风中传来一声惨叫。

虬髯大汉面色变了，微一迟疑，全力向惨呼传来的方向奔了过去，他首先发现积雪的松林外倒着一匹马。

他蹿入雪林，整个人就忽然僵硬。

他总算找到妙郎君花蜂了，可是他找到的却只是花蜂的尸体！

花蜂的人已变得像是个刺猬，身上钉满了各式各样的暗器，有飞镖，有袖箭，有银针、五芒珠、毒蒺藜……

虬髯大汉面上也不禁露出伤感之色，这人的遭遇实在太惨，他被人锯断了两条腿，又被人像猪一般囚禁了十余年，到最后还被人当成个活靶子。

但想到这人一死，李寻欢只怕也要陪着他死，虬髯大汉的伤心立刻就变为了悲愤，嗄声道："就是这人？"

他还抱着万一的希望，希望死的这人并不是李寻欢要找的人，但李寻欢却叹息了一声，道："错不了的。"

虬髯大汉咬了咬牙，脱下身上的皮袄，铺在树下，再扶着李寻欢坐了下来，勉强笑道："解药也许就在他身上，他一死反而省事了，我去找找看。"

李寻欢也勉强一笑，道："小心些，暗器大多有毒，千万莫要割破了手。"

他自己已命在俄顷，却还是一心惦记着别人的安危。

虬髯大汉只觉胸中一阵热血上涌，勉强咽下了已快夺眶而出的热泪，一步蹿到花蜂的尸身前。

只见他蹲在那边，匆忙地搜索着，但过了半响，两只手就停顿了下来，却久久无法站起。

李寻欢道："没有？"

虬髯大汉喉头哽咽，已说不出话。

李寻欢淡淡一笑，道："我早就知道我绝不会有这么好的运气，他被人囚禁了十余年，身上怎么会还带着解药呢？"

虬髯大汉握紧拳头，打着自己的脑袋，喃喃道："我若知道是谁杀了他，就有希望了，他的解药也许就是被那人搜走的！"

李寻欢闭起眼睛，满面俱是空虚落寞之色，道："也许是的，也许不是……"

虬髯大汉道："可是他中的这些暗器都是极常见的，江湖中人人都可能用这些器，五芒珠虽本是方外人用的，但近年来也已流俗。"

李寻欢道："嗯。"

虬髯大汉道："他身上中了这么多暗器，显然不是一个人下的手。"

李寻欢道："嗯。"

他呼吸沉重，竟似已睡着了，对别人的安危，他虽然念念于怀，对自己的生死，他却全未放在心里。

虬髯大汉还在不停地敲打着自己的手，忽然跳了起来，大喜道："我知道下手的人是谁了。"

李寻欢道："哦？"

虬髯大汉奔到李寻欢面前，道："下手的人只是一个人，这十三种暗器全是他一个人发出来的。"

李寻欢道："哦？"

虬髯大汉道："他中的这十三种暗器，无论任何一种都可以置他死命，但那人却硬要将十三种暗器都钉在他身上才过瘾，这种残酷毒辣的疯子，江湖中哪里还找得出第二个？"

李寻欢叹了口气，道："不错，只有一个，就是千手罗刹！妙郎君到头来还是要死在女人手里！"

虬髯大汉拍手道："对了，除了千手罗刹外，别人也无法将十三种暗器同时发出来……"

他忽然顿住语声，瞪着李寻欢，道："你早就看出来了。"

李寻欢嘴角泛起一丝苦笑，道："看出来又有什么用呢？千手罗刹行踪飘忽，早已不知走到哪里去了，我们反正是找不着的。"

虬髯大汉厉声道："我们无论如何也要找到她……"

李寻欢摇了摇头，道："不必找了，你只要找些酒给我喝，让我陶然而死，我已经很感激你，我现在已很累……非常累，只想好好地休息休息。"

虬髯大汉扑地跪了下来，热泪终于忍不住夺眶而出，嘎声道："少爷，我知道你已很累了，这些年来，你从来也没有一天快乐过，悲伤和愁苦，的确比任何事都容易使人觉得劳累。"

他忽然紧紧握起李寻欢的肩头，大声道："但少爷你绝不能死，你一定要振作起来，你若就这样不明不白地死了，死后还要背负着浪子、酒鬼的恶名，老爷在九泉之下也不会瞑目的。"

李寻欢紧紧闭着眼睛，眼角的泪珠已凝成冰珠。

但他嘴角还是带着微笑，道："浪子、酒鬼，也没有什么不好，那总比那些伪君子、假道学好得多了，是吗？"

虬髯大汉满面热泪，嘶声道："可是……可是少爷你本该是天下最有作为的人，你的好处谁也比不上，你为何定要如此自暴自弃，自伤自苦，为了林诗音那女人，这值得吗？"

李寻欢目中忽然射出了光芒，怒道："住口！你竟然叫她的名字？"

虬髯大汉垂下了头，黯然道："是。"

李寻欢瞪了他半晌，又阖起眼睛，叹道："好，你要找，我们就去找吧，可是天地茫茫，我们剩下的时候已不多了，你要到哪里去找？"

虬髯大汉一跃而起，展颜道："皇天不负苦心人，我们一定找得到的。"

他刚想背负起李寻欢，突然间，树上有片积雪落了下来，掉在他身上，他随手一拂，忽然发现这片积雪上竟凝结着血花！

积雪的枯枝上，竟还有个人。

一个死人！一个赤裸裸的死人！女人！

她被人塞在树桠里，全身已冻得僵硬，一支短矛插入了她丰满的胸膛，将她钉在树上！

李寻欢他们只注意到雪地上花蜂的尸体，全没有留意到她，虬髯大汉双臂一振，苍鹰般扑了上去，将她卸了下来。

只见她脸上已结着一层冰霜，看来就像是透明的，使人完全看不出她的年纪，只能看出她生前是个很美的女人。

李寻欢惨然一笑，道："我们果然找到她了，这只怕也算皇天不负苦心人吧。"

虬髯大汉紧握着双拳，恨恨道："千手罗刹虽然毒辣，但这人杀了她后，为何还要剥光她衣服……"

李寻欢叹道："这只怪她穿的衣服太值钱了。"

虬髯大汉眼睛一亮，道："不错，据说千手罗刹最重衣着，她身上穿的衣服，都是以金丝织成的，还缀着明珠、美玉。"

李寻欢苦笑道:"鹿角若无茸,羚羊若无角,也不会死于猎人之手了。"

虬髯大汉道:"但这人杀她,本是为了金丝甲,他得到了金丝甲这么样的武林异宝,还不肯放过一件衣服,如此贪心的人,世上只怕也不会有第二个。"

李寻欢道:"不错,只有一个……"

这次虬髯大汉却抢着道:"棺材里伸手,死要钱……"

李寻欢笑了笑,道:"你再拔起她身上这根短矛看看。"

这只短矛制作极精,上面还镶着块翡翠。

李寻欢道:"施耀先视钱如命,杀了人后连衣服都要剥走,他会舍得将如此值钱的短矛留下么?"

虬髯大汉皱眉道:"江湖中用如此华贵兵刃的人本就不多,这莫非是那败家子'花花大少'潘小安留下来的?"

李寻欢道:"一点也不错,这正是他们两人一起动的手。"

虬髯大汉道:"这两人一个爱财如命,一个挥金如土,完全是水火不同炉,又怎会凑在一起的呢?"

李寻欢笑道:"潘大少是有名的派头奇大,衣、食、住、行,样样都要讲究,施耀先跟着他走,不但白吃白喝,还可以跟着充充大爷,这种便宜事,施耀先怎会不做?"

虬髯大汉一拍巴掌,展颜道:"这就好办了,在这么冷的天气里,潘大少绝不肯骑在马上挨冻,更不会走路了,他一定要坐车,只要坐车,我们就追得上!"

林外雪地上果然还可隐隐辨出车辙马蹄。车轮之间,竟有八尺,他们乘的显然是辆很宽敞的大车。

这种车子虽舒服,却不会走得太快。

虬髯大汉精神一振,放足狂奔,这次他追踪就容易多了,只需沿着大道而行,因为八尺宽的大车绝对走不上僻道。

这时天色已暗了下来,道上全无人踪。

虬髯大汉施开身法,奔行了顿饭工夫,他身上虽然背负着一个人,但步履仍极轻健,谁也想不到有如此轻功的人竟会为人奴仆,而且,轻功如此高明的人,也绝不会是江湖的无名之辈。

又奔行了片刻,他忽然发现前面的路上积雪平整如镜,最少已有两三个时辰没有人走过了。

那大车怎会忽然失踪了呢?

虬髯大汉怔了半晌,又折了回去。这次他已走得慢些,而且分外留意,折回了半里路后,他就发现大车的车辙半途拐入了一条岔路。

方才他没有留意这条岔路,因为这路两旁,古柏森森,还有石翁仲,显然是通向一个富贵人家的陵墓。

他实在想不到大车会拐入这条墓道死路上来的。

这果然是条死路!

大车就停在巨大的石陵墓前,拉车的马已不见了,三个穿着羊皮袄的大汉，也都倒毙在雪地上。

车厢里斜斜躺着一个身穿重裘，面色惨白，年纪虽已有四十左右，但胡子却刮得干干净净的中年人。

只要看他手上戴着的那价值不菲的翡翠扳指，就知道此人必定就是"金玉堂"的败家子潘大少。

他身旁还有两个妙龄少女的尸身，也和潘大少一样，都是被人以重手法点了死穴，车旁的三人却是被掌力震伤内腑而死的。

这又是谁下的毒手？

虬髯大汉皱眉道："莫非是施耀先……"

他话未说完，又发现陵墓石碑旁也倒毙着一个人的尸身：头上光秃秃的全无寸发，仰面倒卧在冰雪上，两只手却还紧紧地抓着，像是临死前还想抓紧一样东西，却什么也没抓住。

这正是施耀先，但却再也无法自棺材里伸出手来要钱了。

李寻欢忽然叹道："一个人狂嫖滥赌都没关系，可千万不能交错朋友，否则就难免要和潘大少一样，死了还不知是谁下的手。"

虬髯大汉道："少爷你……你难道说他是被施耀先害死的？"

李寻欢道："你看他面色如此安详，显然是正在美人怀中享福时，就糊里糊涂被人点了死穴，这车里只有他和施耀先，除了施耀先之外，还有谁能下手。"

虬髯大汉道："可是……"

李寻欢道:"可是除了他之外,别的人面上都带着惊骇之色,显然到临死还不相信施耀先会下这毒手的,尤其是这两个女子,她们生前说不定还和施耀先有过缠绵,更不相信施耀先会杀她们。"

他叹了口气,摇着头道:"此人重利轻红颜,竟不懂红颜实比黄金可爱得多。"

虬髯大汉道:"据说施耀先指上的功力在山西首屈一指,原本就有'一指追魂'的盛誉,这的确像是他下的手,可是……"

李寻欢忽又道:"施耀先将潘大少当冤家的吃了也不知有多久了,这次潘大少想要金丝甲,施耀先吃人嘴软,也不能说不行,但金丝甲却又实在诱人,施耀先心一黑,索性就一劳永逸,下了毒手。"

虬髯大汉的话头已被打断了两次,这次他等了半晌,直等到李寻欢不再说话,他才说道:"可是施耀先现在也死了。"

李寻欢笑了笑,道:"杀人者人恒杀之。施耀先杀人的时候,说不定就有个爱管闲事的人正在这陵墓上看着,也许施耀先发现他后,就想也将他杀了灭口,谁知杀人不成,反被人杀了!"

虬髯大汉皱眉道:"施耀先武功不弱,是谁杀了他呢?"

他走上陵墓前的石级,就发现施耀先身上也没有什么别的伤痕,只有咽喉上多了一个洞!

是用一柄并不锋利的剑刺穿的洞!

李寻欢伏在虬髯大汉的肩头,两人凝注了半晌,一起长长吐出了口气,嘴角竟似露出了笑容,齐声道:"原来是他!"

虬髯大汉笑道:"飞少爷的剑比飞还快,这就难怪施耀先招架不住了。"

李寻欢闭上眼睛,微笑着道:"很好,很好,实在太好了,金丝甲到了他手上,还是物得其主,看来那梅花盗是快倒霉了。"

虬髯大汉道:"我们去找飞少爷,他一定不会走远的。"

李寻欢笑道:"你去找他有什么用?"

虬髯大汉道:"解药……"

李寻欢道:"花蜂身上当真有解药,真被千手罗刹搜去了又被施耀先劫走,那么,现在就一定还在施耀先身上,阿飞他绝不会妄取别人东西的,他只带走那金丝甲,只不过他认为金丝甲应该是我的。"

虬髯大汉望了望那两个少女戴着的珠翠,又望了望潘大少手上的巨大翡翠扳指,叹道:"不错,就算遍地都是金钱,飞少爷也不会妄取一文。"

李寻欢道:"所以,解药若不在施耀先身上,我们找阿飞也没有用。"

虬髯大汉手指颤抖着,开始去搜施耀先的身子,他实在很紧张,因为这已是最后的一线希望!

虬髯大汉将尸体都搬了下来,扶着李寻欢坐入马车。

车厢的板壁上,竟也有两行用剑尖划出来的字:

我为你复了仇,

我骑走了你的马!

李寻欢笑道:"我本来还断定可能是他,但现在却可以断定了,只有他才是连死人的便宜都不肯占的。"

他微笑着又道:"这孩子实在可爱,只恨我……"

他并没有说完这句话,但虬髯大汉已知道他本来是想说什么的,想来解药并不在施耀先身上。

他只恨此后再也见不到这可爱的少年了!

虬髯大汉似乎再也支持不住,已快倒下。

李寻欢微笑道:"你用不着为我难受,死,并没有你想象中那么可怕,现在我除了身上没力气之外,心里反而平静得只想喝杯酒。"

第六章

醉乡遇救星

虬髯大汉忽然跳起来,将身上的衣裳全都脱下来,铁一般的胸膛迎着冰雪和寒风,将车辕背在身上。

他竟像是一匹马似的将这大车拉着狂奔而去。

李寻欢并没有阻止,因为他知道他满怀的悲痛需要发泄,但车门关起时,李寻欢也不禁流下了眼泪。

地上积雪已化为坚冰,车轮在冰上滚动,虬髯大汉并不需要花很大力气,马车已疾驰如飞。

半个时辰后,他们已到了牛家庄。

牛家庄是个很繁荣的小镇,这时天色还未全黑,雪已住了,街道两旁的店家都有人拿着扫把出来扫自己门前的积雪。

大家忽然看到一条精赤着上身的大汉,拉着辆马车狂奔而来,当真吃了一惊,有的人抛下扫把就跑。

镇上自然有酒铺,但飞驰的马车到了酒铺前,骤然间停了下来,虬髯大汉霹雳般狂吼一声,用力往后面一靠,只听"砰"的一声,车厢已被撞破个大洞,他一双脚仍收势不住,却已钉入雪地里,地上的积雪,都被铲得飞激而起!

小镇上的人哪里见到过如此神力,都已骇呆了。

酒铺里的客人看到这煞神般的大汉走了进来,也骇得溜走了一大半,虬髯大汉将三条板凳并在一起,又竖起张桌子靠在后面,再铺上潘大少的狐裘,才将李寻欢抱了进来,让他能坐得很舒服。

李寻欢面上已全无一丝血色,连嘴唇都已发青,无论谁都可以看出他身患重病。快要死的病人居然还来喝酒,这酒铺开了二十多年,却还没有见过这种客人,连掌柜的带伙计全都在发愣。

虬髯大汉一拍桌子,大吼道:"拿酒来,要最好的酒!掺了一分水就要你们脑袋。"

李寻欢望着他,良久良久,忽然一笑,道:"二十年来,你今天才算有几分'铁甲金刚'的豪气!"

虬髯大汉身子一震,似乎被"铁甲金刚"这名字震惊了,但他瞬即仰首大笑起来,道:"想不到少爷居然还记得这名字,我却已忘怀了。"

李寻欢道:"你……你今天也破例喝杯酒吧。"

虬髯大汉道:"好,今天少爷你喝多少,我就喝多少!"

李寻欢也仰天大笑道:"能令你破戒喝酒,我也算不虚此生了!"

别人见到他们如此大笑,又都瞪大了眼睛偷偷来看,谁也想不通一个将死的病人还有什么好开心的。

送来的酒虽非上品,但却果然没有掺水。

虬髯大汉举杯道:"少爷,恕我放肆,我敬你一杯。"

李寻欢一饮而尽,但手已拿不稳酒杯,酒已溅了出来,他一面咳嗽着,一面去擦溅在身上的酒,一面笑着道:"我从未糟蹋过一滴酒,想不到今日也……"

他忽又大笑道:"这衣服陪了我多年,其实我也该请他喝一杯了,来来来,衣服兄,多承你为我御寒蔽体,我敬你一杯。"

虬髯大汉刚替他倒了一杯酒,他竟全都倒在自己衣服上。

掌柜的和店伙面面相觑,暗道:"原来这人不但有病,还是个疯子。"

两人你一杯、我一杯地喝个不停,李寻欢要用两只手紧握着酒杯,才能勉强将一杯酒送进嘴里。

虬髯大汉忽然一拍桌子,大呼道:"人生每多不平事,但愿长醉不复醒。我好恨呀,好恨!"

李寻欢皱眉道:"今日你我应该开心才是,说什么不平事,说什么不复醒,人生得意须尽欢,莫使金樽空对月!"

虬髯大汉狂笑道:"好一个人生得意须尽欢!少爷,我再敬你一杯。"

凄厉的笑声,震得隔壁一张桌上的酒都溅了出来,但笑声未绝,他又扑倒在桌上,痛哭失声。

李寻欢面上也不禁露出黯然之色,唏嘘道:"这二十年来,若非有你,我……我只怕已无法度过,我虽然知道你的苦心，还是觉得委屈了你，此后但愿你能重振昔年的雄风，那么我虽……"

虬髯大汉忽又跳起来，大笑道："少爷你怎地也说起这些扫兴的话来了，当浮一大白。"

他们忽哭忽笑，又哭又笑。

店掌柜的和伙计又对望了一眼，暗道："原来两人都是疯子。"

就在这时，忽见一个人跟跟跄跄地冲了进来，扑倒在柜台上，嘎声道："酒，酒，快拿酒来。"

看他的神情，就像是若喝不到酒立刻就要渴死了。

掌柜的皱起眉头，暗道："又来了一个疯子。"

只见这人穿着件已洗得发白的蓝袍，袖子上胸口上，却又沾满了油腻，一双手的指甲里也全是泥污，虽然戴着顶文士方巾，但头发却乱草般露在外面，一张脸又黄又瘦，看来就像是个穷酸秀才。

伙计皱着眉为他端了壶酒来。

这穷酸秀才也不用酒杯，如长鲸吸水般，对着壶嘴就将一壶酒喝下去大半，但忽又全都喷了出来，跳脚道："这也能算酒么？这简直是醋，而且还是掺了水的醋……"

那店伙横着眼道："小店里并非没有好酒，只不过……"

穷酸秀才怒道："你只当大爷没有银子买酒么，喏，拿去！"

他随手一抛，竟抛出五十两的官宝。

大多数妓女和店伙的脸色,一直都是随着银子的多少而改变的,这店伙也不例外,于是好酒立刻来了。

穷酸秀才还是来不及用酒杯,嘴对嘴的就将一壶酒全喝了下去,眯着眼坐在那里,就像是一口气忽然喘不过来了,连动都不动,别人只道他酒喝得太急,忽然抽了筋,李寻欢却知道他这只不过在那里品味。

过了半响,才见他将这口气长长透了出来,眼睛也亮了,脸上也有了光彩,喃喃地道:"酒虽然不好,但在这种地方,也只好马虎些了。"

那店伙赔笑,哈着腰道:"这坛酒小店已藏了十几年,一直都舍不得拿出来。"

穷酸秀才忽然一拍桌子,大声道:"难怪酒味太淡,原来藏得太久,快找一坛新酿的新酒兑下去,不多不少,只能兑三成,再弄几碟小菜来下酒。"

店伙道:"不知你老要点些什么菜?"

穷酸秀才道:"我老人家知道你们这种地方也弄不出什么好东西来,宰一只凤鸡,再找些嫩姜来炒鸭肠子,也就对付了,但姜一定要嫩,凤鸡的毛要去得干净。"

这人虽然又穷又酸,但吃喝起来却一点也不含糊,李寻欢愈看愈觉得此人有趣,若在平时,少不得要和他萍水相交,痛饮一番,但此番他已随时随刻都可能倒下去,又何苦再连累别人。

那穷酸秀才更是旁若无人,酒到杯干。

他眼睛除了酒之外,似乎再也瞧不见别的。

就在这时,突听一阵急骤的马蹄声响,骤然停在门外,这穷酸秀才的脸色,竟也有些变了。

他站起来就想走,但望了望桌上的酒,又坐了下去,连喝了三杯,夹了块鸭肠慢慢咀嚼,悠然道:"醉乡路常至,他处不堪行……"

只听一人大吼道:"好个酒鬼,你还想到哪里去?"

另一人道:"我早就知道只有在酒铺里才找得到他。"

喝声中,五六个人一起冲了进来,将穷酸秀才围住。这几人劲装急服,佩刀挂剑,看来身手都不太弱。

一人瘦削颀长,手里提着马鞭,指着穷酸秀才的鼻子道:"得人钱财,与人消灾,你拿了咱们的诊金,不替咱们治病,却逃出来喝酒了,这算什么意思?"

穷酸秀才咧嘴一笑,道:"这意思各位难道还不懂么?只不过是酒瘾大发而已,梅二先生酒瘾发作时,就算天塌下来也得先喝了酒再说,哪有心情为别人治病?"

一个麻面大汉道:"赵老大,你听见没有,我早就知道这酒鬼不是个东西,只要银子到手,立刻就六亲不认了。"

颀长大汉怒道:"这酒鬼的毛病谁不知道,但老四的病却非他不可,病急乱投医,你难道还有什么别的法子?"

李寻欢本当这些人是来寻仇的,听了他们的话,才知道这位梅二先生原来是个江湖郎中,光拿银子不治病的。

这些人来势汹汹,大嚷大叫,他却还是稳如泰山,坐在那里左一杯、右一杯地喝了起来。

赵老大掌中马鞭一扬，"唰"地将他面前酒壶卷飞了出去，厉声道："闲话少说，现在咱们既已找着了你，你就乖乖跟咱们回去治病吧，只要能将老四的病治好，包你有酒喝。"

那位梅二先生望着被摔得粉碎的酒壶，长长叹了口气，道："你们既然知道梅二先生的脾气，就该知道梅二先生生平有三不治。"

赵老大道："哪三不治？"

梅二先生道："第一，诊金不先付，不治；付少了一分，也不治。"

麻面大汉怒道："咱们几时少了你一分银子？"

梅二先生道："第二，礼貌不周、言语失敬的，不治。第三，强盗小偷、杀人越货的，更是万万不治了。"

他又叹了口气，摇着头道："你们将这两条全都犯了，还想梅二先生替你们治病，这岂非是在痴人说梦，缘木求鱼。"

那几条大汉脖子都气粗了，怒吼道："不治就要你的命。"

梅二先生道："要命也不治！"

麻面大汉反手一掌，将他连人带凳子都打得滚出七八尺开外，伏在地上，顺着嘴角直流血。

李寻欢看他如此镇定，本当他是位深藏不露的风尘异人，如今才知道他一张嘴虽硬，一双手却不硬。

赵老大"嗖"地拔出了腰刀，厉声道："你嘴里若敢再说半个不字，大爷就先卸下你一条膀子再说。"

梅二先生捂着脸,道:"说不治就不治,梅二先生还会怕了你们这群毛贼么?"

赵老大怒吼一声,就想扑过去。

虬髯大汉忽然一拍桌子,厉声喝道:"这里是喝酒的地方,不喝酒的全给我滚出去!"

这一声大喝就仿佛晴空中打下个霹雳,赵老大吓了一跳,不由自主倒退半步,瞪着他道:"你是什么东西,敢来管大爷的闲事?"

李寻欢微微一笑,道:"滚出去无趣,叫他们爬出去吧。"

虬髯大汉喝道:"少爷叫你们爬出去,听见没有?"

赵老大见到这两人一个已病得有气无力,一个已醉得眼睛发直,他胆子立刻又壮了,狞笑道:"你们既然不知趣,大爷就拿你们开刀也好!"

刀光一闪,他掌中刀竟向李寻欢直劈了下去。

虬髯大汉皱了皱眉,一伸手,就去架刀。

他似已醉糊涂了,竟以自己的膀子去架锋利的刀锋,掌柜的不禁惊呼出声,以为这一刀劈下,他这条手臂就要血淋淋地被砍下来。

谁知一刀砍下后,手臂仍是好生生的纹风未动,刀却被震得脱手飞出,连赵老大的身子都被震得站不稳了,踉跄后退,失声惊呼道:"这小子身上竟有金钟罩、铁布衫的横练功夫,咱们只怕是遇见鬼了!"

麻子的脸色也变了,赔笑道:"朋友高姓大名,请赐个万儿,咱们不打不相识,日后也好交个朋友。"

虬髯大汉冷冷道："凭你也配和我交朋友？滚！"

赵老大跳起来，吼道："朋友莫要欺人太甚，需知咱们黄河七蛟也不是好惹的，若是……"

他话还未完，那麻子忽然将他拉到一旁，悄悄说了几句话，一面说，一面偷偷去瞧李寻欢酒杯旁的小刀。

赵老大脸上更全无丝毫血色，嗄声道："不会是他吧？"

麻子悄悄道："不是他是谁？半个月以前，我就听龙神庙的老乌龟说他又已入关了，老乌龟多年前就见过他了，绝不会看错的。"

赵老大道："但这病鬼……"

麻子道："此人吃喝嫖赌，样样精通，身体一向不好，可是他的刀……"

提到这柄刀，他连声音都变了，颤声道："不防一万，只防万一。咱们什么人不好惹，何必惹到他头上去。"

赵老大苦笑道："我若早知道他在这里，就算拿把刀架在我脖子上，我都不进来的。"

他干咳两声，赔笑躬身道："小人们有眼无珠，不认得你老人家，打扰了你老人家的酒兴，小人们该死，这就滚出去了。"

李寻欢也不知听见他说的话没有，又开始喝酒，开始咳嗽，就好像什么事都没有发生过似的。

老虎般闯进来的大汉们，此刻已像狗似的夹着尾巴逃出去了。那位梅二先生这才慢吞吞地爬了进来，居然也不去向李寻欢他们道谢，一屁股坐到凳子上，又不停地拍着桌子，瞪着眼道："酒，酒，快拿酒来。"

那店伙揉着眼睛，简直不相信方才被人打得满地乱爬的人就是他。

酒铺里的人早已都溜光了，只剩下他们三个人，把酒一杯杯往嘴里倒，酒喝得愈多，话反而愈少。

李寻欢望着窗外的天色，忽然笑道："酒之一物真奇妙，你愈不想喝醉的时候，醉得愈快；到了想喝醉的时候，反而醉不了。"

梅二先生忽也仰天打了个哈哈，道："一醉解千愁，醉死胜封侯，只可惜有些人虽想醉死，老天却偏偏不让他死得如此舒服。"

虬髯大汉皱了皱眉，梅二先生竟摇摇晃晃地走了过来，直着眼望着李寻欢，悠然道："阁下可知道自己还能活多久么？"

李寻欢淡淡笑道："活不长了。"

梅二先生道："知道活不长了，还不快去准备后事，还要来喝酒？"

李寻欢道："生死等闲事耳，怎可为了这种事而耽误喝酒？"

梅二先生抚掌大笑道："不错不错，生死事小，喝酒事大，阁下此言，实得我心。"

他忽又瞪起眼睛，瞪着李寻欢道："阁下想必已知道我是谁了？"

李寻欢道："还未识荆。"

梅二先生道:"你真的不认得我?"

虬髯大汉忍不住道:"不认得就不认得,啰唆什么?"

梅二先生也不睬他,还是瞪着李寻欢道:"如此说来,你救我并非为了要我为你治病了。"

李寻欢笑道:"阁下若要喝酒,不妨来共饮几杯;若要来治病,就请走远些吧,莫要耽误了我喝酒。"

梅二先生又瞬也不瞬地瞪了他很久,喃喃道:"好运气呀好运气,你遇见了我,当真是好运气。"

李寻欢道:"在下既无诊金可付,和强盗已差不多,阁下还是请回吧。"

谁知梅二先生却摇头道:"不行不行,别人的病我不治,你这病我却非治不可,你若不要我治病,除非先杀了我。"

方才别人要杀他,他也不肯治病,此刻却硬是非要替人治病不可,那店伙只恨不得赶快回家去蒙头大睡三天,再也莫要见到这三个疯子,只因老是再这么样折腾下去,他只怕也要被气疯了。

虬髯大汉却已动容道:"你真能治得了他的病?"

梅二先生傲然道:"他这病除了梅二先生外,天下只怕谁也治不了。"

虬髯大汉跳起来一把揪着他衣襟,道:"你可知道他这是什么病?"

梅二先生眼睛一瞪,道:"我不知道谁知道,你以为花老六真能配得出那'寒鸡散'么?"

虬髯大汉失声道:"'寒鸡散'?他中的毒就是'寒鸡散'?"

梅二先生傲然一笑,道:"除了梅家的'寒鸡散',世上还有什么毒能毒得死李寻欢?"

虬髯大汉又惊又喜,道:"花蜂的'寒鸡散'是你配的?"

梅二先生大笑道:"除了我'妙郎中'梅二先生外,还有谁能配得出'寒鸡散'?看来你当真是孤陋寡闻,连这种事都不知道。"

虬髯大汉大喜道:"原来他就是'七妙人'中的'妙郎中',原来毒药就是他配的,能配自然能解,少爷你有救了。"

李寻欢苦笑道:"看来一个人想活固然艰苦,若要静静地死,也不容易。"

马车又套上了马,冒雪急驰。

但这次他们却另外雇了个赶车的,虬髯大汉留在车厢中一来是为了照顾李寻欢,再来也是为了监视这妙郎中。

他显然还是不放心,不住问道:"你自己既能解毒,为何要去找别人?去找谁?去哪里?来得及么?"

梅二先生皱着眉道:"我找的不是别人,是梅先生,我家老大,他就在附近,你放心,梅二先生肯接手的病人,就死不了的。"

虬髯大汉道:"为何要去找他?"

梅二先生道:"因为'寒鸡散'的解药在他那里,这理由你满意了么？"

虬髯大汉这才闭上嘴不说话了。

梅二先生却反过来问他了，道："你练的是金钟罩、铁布衫？还是十三太保横练？"

虬髯大汉瞪了他一眼，还是答道："铁布衫。"

梅二先生摇着头笑道："想不到世上还有人肯练这种笨功夫，除了能唬唬那些毛贼外，简直连一点用处也没有。"

虬髯大汉冷冷道："笨功夫总比没功夫好。"

梅二先生居然也不生气，还是摇着头笑道："据说练铁布衫一定要童子功，这牺牲未免太大了些，是吗？"

虬髯大汉道："哼。"

梅二先生道："据说近五十年来，只有一个人肯下苦功练这种笨功夫，据说此人叫'铁甲金刚'铁传甲，但二十年前就被人一掌自舍身崖上震下去了，也不知死了没有，也许并没有死，还能坐着喝酒。"

虬髯大汉的嘴里就像是咬牢了个鸡爪，无论梅二先生怎么说，怎么问，他却再也不肯开口了。

梅二先生也只好闭起眼睛，养起神来。

谁知过了半晌，虬髯大汉又开始问他了，道："据说'七妙人'个个都是不大要脸的角色，但阁下看来却不像。"

梅二先生闭着眼道："拿了人家的诊金，不替人家治病，这难道还要脸了？"

虬髯大汉笑道："你若肯替那种人治病，才是真不要脸。拿钱和治病本来就是两回事，那种人的钱正是不拿白不拿的。"

梅二先生也笑了，道："想不到你这人倒并不太笨。"

虬髯大汉叹道："世人眼中的小人，固然未必全都是小人，世人眼中的君子，又有几个是真君子呢？"

李寻欢斜倚在车座上，嘴角带着淡淡的微笑，仿佛在听他们说话，又仿佛早已神游物外，一颗心早已不知飞到哪里去了。

人间的污秽，似乎已全都被雪花洗净，自车窗中望出去，天地一片银白，能活着，毕竟还是件好事。

李寻欢心里又出现了一条人影。

她穿着浅紫色的衣服，披着浅紫色的风氅，在一片银白中看来，就像是一朵清丽的紫罗兰。

他记得她最喜欢雪，下雪的时候，她常常拉着他到积雪的院子里去，抛一团雪球在他身上，然后再娇笑着逃走，叫他去追她。

他记得那天他带龙啸云回去的时候，也在下着雪，她正坐在梅林畔的亭子里，看梅花上的雪花。

他记得那亭子的栏杆是红的，梅花也是红的，但她坐在栏杆上，梅花和栏杆仿佛全都失去了颜色。

他当时没有见到龙啸云的表情，但后来他却可想象得到，龙啸云自然第一次看到她时，心神就已醉了。

现在，那庭园是否仍依旧？她是否还时常坐在小亭的栏杆上，数梅花上的雪花，雪花下的梅花？

李寻欢抬头向梅二先生一笑,道:"车上有酒,我们喝一杯吧。"

雪,时落时停。

车马在梅二先生的指挥下,转入了一条山脚下的小道,走到一座小桥前,就通不过去了。

小桥上积雪如新,看不到人的足迹,只有一行黄犬的脚印,像一连串梅花似的洒在栏杆旁。

虬髯大汉扶着李寻欢走过小桥,就望见梅树丛中,有三五石屋,红花白屋,风物宛如图画。

梅林中隐隐有人声传来,走到近前,他们就见到一个峨服高冠的老人,正在指挥着两个童子洗树上的冰雪。

虬髯大汉悄声道:"这就是梅大先生?"

梅二先生道:"除了这疯子,还会有谁用水来洗冰雪。"

虬髯大汉也不禁失笑道:"他难道不知道洗过之后,雪还是要落在树上,水也立刻就会结成冰的。"

梅二先生叹了口气,苦笑道:"他可以分辨出任何一幅画的真伪,可以配出最厉害的毒药和解药,但这种最简单的道理,他却永远也弄不懂的。"

他们说话的声音传入梅林,那高冠老人回头看到了他们,就好像看到了讨债鬼似的,立刻大惊失色,撩起了衣襟,就往里面跑,一面还大呼着道:"快,快,快,快把厅里的字画全都藏起来,莫要又被这败家子看到了,偷出去换黄汤喝。"

梅二先生笑道："老大你只管放心，今天我已找到了酒东，只不过特地带了两个朋友来……"

他话未说完，梅大先生已用手蒙起眼睛，道："我不要看你的朋友，你的朋友连一个好人也没有，只要看一眼，我至少就要倒三年的霉。"

梅二先生也跳了起来，大叫道："好，你看不起我，我难道就不能交上个像样的朋友么？好好好，李探花，他既然不识抬举，咱们就走吧！"

虬髯大汉着急地问："解药未得，怎么能走呢？"

谁知梅大先生这次反而回头走了过来，招手道："慢走慢走，你说的可是一门七进士，父子三探花的小李探花么？"

梅二先生冷冷道："你难道还认得第二个李探花不成？"

梅大先生盯着李寻欢，道："就是这位？"

李寻欢微笑道："不敢，在下正是李寻欢。"

梅大先生上上下下望了他几眼，忽然一把拉住他的手，大笑道："慕名二十年，不想今日终于见到你了，李兄呀，李兄，你可真是想煞小弟也！"

他前倨而后恭，忽然变得如此热情，李寻欢反而怔住了。

梅大先生已一揖到地，道："李郎休怪小弟方才失礼，只因我这兄弟实在太不成材，两年前带了个人回来，硬说是鉴定书画的方家，要我将藏画拿出来给他瞧瞧，谁知他们却用两卷白纸，换了我两幅曹不兴的精品跑了，害得我三个月睡不着觉。"

李寻欢失笑道:"梅大先生也休要怪他,酒瘾发作时若无钱打酒,那滋味的确不好受。"

梅大先生笑道:"如此说来,李兄想必也是此道中人了。"

李寻欢笑道:"天子呼来不上船,自道臣是酒中仙。"

梅大先生笑道:"好好好,骑鹤,先莫洗梅花,快去将那两坛已藏了二十年的竹叶青取出,请李探花品尝品尝。"

他含笑揖客,又道:"好花赠佳人,好酒待名士。在下这两坛酒窖藏二十年,为的就是要留着款待李兄这样的大名士。"

梅二先生道:"这话倒不假,别的客人来,他莫说不肯以酒相待,简直连壶醋都没有,只不过,李兄此来,却并非来喝酒的。"

梅大先生只瞧了李寻欢一眼,就笑道:"寒鸡之毒,只不过是小事一件而已,李兄只管开怀畅饮,这件事在下自有安排的。"

草堂中自然精雅,窖藏二十年的竹叶青也极香洌。

酒过三巡,梅大先生忽然道:"据说大内所藏的《清明上河图》亦为赝品,真迹却在尊府,此话不知是真是假?"

李寻欢这才知道他殷勤待客,其意在此,笑道:"这话倒也不假。"

梅大先生大喜道："李兄若肯将之借来一观，在下感激不尽。"

李寻欢道："梅大先生既然有意，在下岂有不肯之理，只可惜，在下也是个败家子，十年前便已将家财荡尽，连这幅画也早已送人了。"

梅大先生坐在那里，连动都不会动了，看来就像是被人用棍子在头上重重敲了一下，嘴里不住喃喃道："可惜，可惜，可惜……"

他一连说了几声可惜，忽然站起来，走了进去，大声道："骑鹤，快将剩下的酒再藏起来，李探花已喝够了。"

梅二先生皱眉道："没有《清明上河图》，就没酒喝了么？"

梅大先生冷冷道："我这酒本来就不是请人喝的。"

李寻欢非但不生气，反而笑了，他觉得这人虽然又孤僻又小气，但率性天真，至少不是个伪君子。

虬髯大汉却已沉不住气，跳起来大喝道："没有《清明上河图》，连解药也没有了么？"

这一声大喝，震得屋顶都几乎飞了起来。

梅大先生却是面不改色，冷冷道："连酒都没有了，哪有什么解药？"

虬髯大汉勃然大怒，似乎就想扑过去。

李寻欢却拦住了他，淡淡道："梅大先生与我们素不相识，本来就不是定要将解药送给我们的，我已叨扰了人家的美酒，怎可再对主人无礼。"

虬髯大汉嗄声道："可是少爷你……你……"

李寻欢挥了挥手,长揖笑道:"恨未逢君有尽时,在下等就此别过。"

谁知梅大先生反而又走了回来,道:"你不要解药了?"

李寻欢道:"物各有主,在下从来不愿强求。"

梅大先生道:"你可知道若没有解药,你的命也没有了么?"

李寻欢微笑道:"生死有命,在下倒也从未放在心上。"

梅大先生瞪了他半晌,喃喃道:"不错不错,连《清明上河图》都舍得送人,何况自己的性命?这样的人倒也天下少有,天下少有……"

他忽又大声道:"骑鹤,再把酒端出来。"

虬髯大汉又惊又喜,道:"解药呢?"

梅大先生瞪了他一眼,冷冷道:"有了酒,还会没有解药?"

第七章

误伤故人子

李寻欢喝了酒,解药的药力发动得更快,还不到六个时辰,李寻欢已觉得体力渐渐恢复了过来。

这时天刚破晓,虬髯大汉虽熬了一夜,但人逢喜事精神爽,只不过酒喝得太多了,头有些痛。

梅二先生也用手捂住脑袋,喃喃道:"该死该死,天又亮了。"

虬髯大汉道:"天亮了有何不好?"

梅二先生叹道:"我喝酒就怕天亮,若是天不亮,我一直喝下去都没关系,但只要天一亮,就会立刻头疼,连酒也喝不下去。"

李寻欢本在闭目养神,此刻笑了笑,道:"岂止阁下,喝酒的人只怕都有这毛病。"

梅二先生道:"既是如此,趁着天还未大亮,赶快再喝两杯吧。"

李寻欢笑道:"你我如此牛饮,大先生见了只怕要心疼的。"

梅二先生道:"所以他早已躲去睡觉了!乐得眼不

见,心不烦。"

李寻欢喝了杯酒,又不停地咳嗽起来。

梅二先生凝注着他,忽然问道:"你这咳嗽的毛病,已有多久了?"

李寻欢道:"好像已有十年了吧。"

梅二先生皱眉道:"如此说来,你还是莫要喝酒的好,久咳必伤肺,再喝酒只怕……"

李寻欢笑道:"伤肺?我还有肺可伤么?我的肺早已烂光了。"

他忽然顿住语声,目中精光闪动,沉声道:"此间只怕又有远客。"

梅二先生动容道:"三更半夜里来的绝不会是老大的客人,只怕又是来找我的。"

其实他直到现在才听到屋外传来一阵沙沙的脚步声,来的人似乎并不止一个,步履都很轻健。

只听一人朗声道:"不知这里可是梅花草堂么?"

过了半晌,就听得梅大先生的语声在前厅响起,道:"三更半夜闯来,是小偷还是强盗?"

那人道:"在下等专程来访,不但非偷非盗,而且还有一份薄礼奉上。"

梅大先生冷笑道:"三更半夜来送礼,显然更没有存好心,各位还是回去吧。"

那人笑道:"既是如此,在下只好将这幅王摩诘的画带回去了。"

梅大先生失声道:"王摩诘?"

语未说完，门已开了。

梅二先生皱眉道："这几人先摸透老大的脾气，投其所好而来，必有所求，我们看看他们到底是哪一路的人马。"

他并没有走出去，只将门推开一线，悄悄往外望。

只见来的一共有三个人，一人只有三十多岁，短小精悍，目光炯炯，手里托着个长长的木匣子。

第二人面如重枣，长髯过腹，披着件紫缎团花大氅，顾盼之间，睥睨自雄，显然是个惯于发号施令的人物。

第三人却是个十来岁的小孩子，圆圆的脸，圆圆的眼睛，红斗篷上镶着白兔毛的边，看来就像是个粉妆玉琢的红孩儿。

除了他之外，其余两人眉目间都带着忧郁焦急之色。

那精悍汉子手托木匣，一进来就躬身笑道："此画乃是敝主人重金购来，已经名家鉴定，确是真迹，请梅大先生过目。"

梅大先生的眼睛早已盯在匣子上了，嘴里却道："无功不受禄，你们要的是什么？"

那人笑道："在下等只求梅大先生指点一条明路，找到梅二先生。"

梅大先生立刻松了口气，展颜笑道："这倒容易。"

他一把将匣子抢了过来，道："老二，出来吧，有人来找你了。"

梅二先生叹了口气，摇头道："好小子，有了王摩诘，连兄弟都不要了。"

紫袍老人和精悍汉子见到梅二先生，都已喜动颜色，只有那红孩儿却直皱眉头，瞅着梅二先生道："这人看来脏兮兮的，真会治病么？"

梅二先生嘻地一笑，道："大病治不了，小病死不了，马马虎虎还过得去。"

紫袍老人似乎也怕这孩子再乱说话，干咳一声，沉声道："我等久闻阁下回春之妙手，是以特来相请阁下随我等一行，诊金无论多少，我们都可先付的。"

梅二先生笑道："原来你连我的脾气都摸清楚了，但你不怕我跑了么？"

紫袍老人沉着脸不说话，却已无异在说："你跑不了的！"

那短小汉子立刻赔笑道："只要梅二先生肯去，除了应付的诊金外，在下等还另有重酬。"

梅二先生道："除了诊金要先付之外，你可知道梅二先生还有三不治？强盗不治，小偷不治！"

那短小汉子笑道："在下巴英，虽是无名小卒，但这位秦孝仪秦老爷子在江湖中的侠名，梅二先生多少总该有些耳闻吧。"

梅二先生道："秦孝仪？可是铁胆震八方秦孝仪？"

巴英道："好说，正是他老人家。"

梅二先生点了点头，道："嗯，这人的名头倒的确不小，好，过几天你们再来吧，到时我若有空也许会跟你们去走这一趟。"

话未说完，那红孩儿已跳了起来，大叫道："这人好大的架子,我们跟他啰唆什么,把他架回去不就完了?!"

巴英赶紧拉住了他,赔笑道:"若是病不急,过两天本无妨,可是病人受的伤实在太重,莫说迟几天,只怕连几个时辰都迟不得的。"

梅二先生道:"你们的病人要紧,我这里的病人难道就不要紧?"

巴英道:"梅二先生这里也有位病人?"

梅二先生道:"不错,不将他的病治好,我绝不能走的。"

巴英怔了怔,讷讷道:"但……但我们那边病的是秦老爷子的大少爷,也是当今少林馆座唯一的俗家弟子……"

梅二先生也跳了起来,道:"秦孝仪的儿子又怎样?少林和尚的徒弟又怎样,难道他的命就能比我这病人的命值钱么?"

秦孝仪已是满面怒容,却说不出话。

那红孩儿眼珠子一转,忽然道:"你这病人若是死了呢?"

梅二先生冷笑道:"他死了自然用不着我再治,只可惜他死不了的。"

红孩儿嘻地一笑,道:"那倒未必。"

他忽然一支箭似的蹿入了隔壁的屋子,身法之快,连屋里的虬髯大汉都吃了一惊,巴英望了秦孝仪一眼,两人居然都没有阻拦。

红孩儿蹿到屋里，眼睛就瞪在李寻欢身上，大声道："你就是那病人？"

李寻欢笑了笑，道："小兄弟，你难道想我快些死么？"

红孩儿道："一点也不错，你死了，那脏鬼才肯去替秦大哥治病！"

他嘴里说着话，袖中已飞出三根很小的袖箭，直取李寻欢的面目和咽喉，不但奇快奇准，而且劲道十足。

谁也想不到这看来十岁还不到的小孩子，竟是如此心黑手辣，若非李寻欢，换了别人只怕立刻就死在他的箭下。

但李寻欢只一伸手，这三枝箭便已到了他手里，皱眉道："小孩儿已如此狠毒，长大了那还得了。"

红孩儿冷笑道："你以为自己有了两手捉箭的功夫，就可来教训我了么！"

他身子凌空一翻，手里已多了两柄精光四射的短剑，不等这两句话说完，已闪电般向李寻欢刺出了七招。

这孩子不但出招快、变招快，而且出手之狠毒，就算多年的老江湖也要自愧不如，每一招出手，都好像和对方有着什么深仇大恨似的，恨不得一剑就将李寻欢刺出个大窟窿来。

李寻欢叹道："看来这孩子长大了又是个阴无极。"

虬髯大汉浓眉紧皱，道："阴无极虽有'血剑'之名，却还不肯妄杀无辜，但这孩子……"

红孩儿冷笑道："阴无极又算得了什么？我七岁时已

杀过人了,他呢?"

他见到李寻欢仍然坐在那里,但他连变了七八种毒辣的剑招,仍无法伤得了别人,下手更毒、更狠。

李寻欢苦笑道:"不错,阴无极年幼时,只怕也没有他如此狠毒。"

虬髯大汉沉声道:"此子长大,必是武林中一个大祸害,不如……"

李寻欢道:"我只是有些不忍。"

红孩儿连攻一百招犹未得手,也知道今天遇见了难惹的人物,连眼睛都急红了,咬着牙道:"你们可知道我父母是谁么?只要你们敢伤我一根毫毛,他们不将你们乱刀分尸,大卸八块才怪。"

李寻欢脸色一沉道:"如此说来,只准你杀人,别人却不能伤你?"

红孩儿道:"只要你有这么大的胆子,杀了我也没关系。"

李寻欢默然半晌,缓缓道:"我此刻还不愿出手,只因你年纪还小,若有人严加管束,还可成器,趁我还未改变主意时,你快走吧。"

红孩儿也知道自己是万难得手的了,一招收剑,喘息着道:"你的武功真不错,不知道你究竟是谁呀?我怎么从来没有见过你呢?"

李寻欢道:"你问清我的姓名,难道还想报仇么?"

红孩儿面上露出了天真的笑容,道:"你饶了我的命,我怎么还会报仇呢?我只不过真佩服你,我一共刺出了一百零七剑,你却连动都没有动。"

李寻欢目光闪动,忽然一笑道:"你想不想学?"

红孩儿大喜道:"你肯收我做徒弟么?"

李寻欢笑道:"我若能替你父母管教管教你,你以后也许还有希望。"

红孩儿不等他说完,已拜了下去,道:"师傅在上,请受徒儿一拜。"

这"拜"字刚出口,又是三道乌光自他背后急射而出,竟是巧手精制的"紧背低头花装弩"!

这孩子居然全身都是暗器。

李寻欢这次才真吃了一惊,若非身经百战,反应奇迅,这一次只怕也要伤在这恶毒的童子手里。

红孩儿一击不中,又挥手扑了过去,大骂道:"你算什么东西?也配替我父母管教我,也配收我这个徒弟?"

虬髯大汉面笼寒霜,厉声道:"此子天性恶毒,豺狼之心,留不得!"

李寻欢叹了口气,反手一掌挥了出去。

秦孝仪和巴英明明已知道红孩儿在里面要杀人,但两人还是心安理得地站在那里,纹风不动。

梅大先生看那幅画更已看得痴了,别的事他全不知道。

梅二先生目光闪动,道:"你们带来的小孩子要杀人,你们也不管么?"

巴英摊开双手笑了笑,道:"老实话,这孩子的事谁也管不了。"

梅二先生冷笑道："他若被人杀了，你们管不管？"

巴英笑而不答。

梅二先生道："看你们如此放心，显然是认为他的武功不错，只有杀人，绝不会被人杀死的，是不是？"

巴英忍不住笑道："老实说，这孩子的武功的确还过得去，有很多老江湖都已栽在他手上，何况他不但有个好爸爸，还有个好妈妈，别人吃了亏，也只有认了。"

梅二先生道："他父母难道也不管么？"

巴英道："有这么聪明的儿子，做父母的怎么忍心管得太严呢？"

梅二先生道："不错，他父母看他杀了人，表面上说不定会骂两句，心里却也许比谁都高兴，可是他今天遇见我这病人，只怕就要倒霉了。"

巴英道："哦？"

梅二先生道："我这病人只要一伸手，他这条小命就算报销了。"

巴英失笑道："一伸手就能要他的命？这话我们有些不信，你那病人难道还能像李探花一样，飞刀夺命，例不虚发么？"

梅二先生淡淡一笑道："老实话，我这病人正是李寻欢。"

这句话说出来，巴英的脸立刻惨白如纸，干笑着道："阁下你……何必开玩笑？"

梅二先生悠然道："你若不信，为何不进去瞧瞧！"

巴英怔了半晌，忽然冲了进去，嘎声大呼道："李探花、李大侠,手下留情。"

梅二先生叹了口气,喃喃道:"这些自命侠义之辈的嘴脸原来也不过如此,只有自己儿子的命才值钱,别人的命却比狗都不如,只许自己的儿子杀别人,却不许别人杀他。"

秦孝仪威严沉重的脸上,忽然泛起一丝恶毒的微笑。

但他尽量将这种笑容压制掩饰着,却长叹道:"李寻欢若真的杀了那孩子,他只怕就遗憾终生了。"

李寻欢一掌挥出,看来并没有什么奇诡的变化。

红孩儿年纪虽小,与人交手时却老到得出奇,眼看这一掌拍来,竟不避不闪,他竟算定了对方这一招必是虚招,真正的杀手必然还在后面,所以他只是斜斜挑起了剑尖,如封似闭,也以虚招应对。

李寻欢这一掌无论有什么变化,他剑势都可随之而变,李寻欢这一掌若是忽然变为实招,他这一剑也可变为实招,乘势洞穿李寻欢的手腕。

他这一招用得当真厉害已极,部位、时间、力道、无一不拿捏得恰到好处,江湖中的剑手能使得出这种招式来的人真还不多,显然这孩子非但得到了名家的指点,而且天生就是练武的好材料。

要知武功招式,虽可得自师传,但临敌时的应变和判断,却是谁也传授不了,正是"运用之妙,存乎一心"。

只可惜他今日遇着的对手是李寻欢。

李寻欢这一掌并没有任何变化,只不过他的出手实在太快了，快得令人根本无法思议。

红孩儿所有的对策，竟全都用不上，等到他掌中剑再要去刺李寻欢手腕的时候，李寻欢的手掌已拍上了他胸膛。

但红孩儿并没有感觉到疼痛，他只是觉得一股暖流自对方的掌心传遍了他全身，就宛如严寒之中喝下了一杯香醇的热酒。

这时外面才传入巴英焦急的呼声。

"李大侠，手下留情！"

但等到巴英冲进来时，红孩儿已倒在地上，又宛如大醉初醒，全身软绵绵的再也使不出丝毫气力。

巴英失色惊呼道："云少爷，你怎么样了？"

红孩儿显然也已觉出情况不妙，眼圈儿都红了，嗄声道："我……我只怕已遭了这人的毒手，你快去叫爹爹来替我报仇。"

一句话未说完，终于放声大哭起来。

巴英跺了跺脚，满头大汗如雨。

虬髯大汉冷冷道："这孩子武功虽已被废，但这条小命总算留下来了，只因我家少爷出手时忽又动了怜惜之意，若换了是我……哼！"

巴英似乎根本没有听到他在说什么。

虬髯大汉厉声道："你若想复仇，只管出手吧！"

巴英也不说话，忽然向李寻欢扑地拜倒。

李寻欢反倒觉得有些意外了，皱眉道："你是这孩子的什么人？"

巴英道："小人巴英，李探花虽不认得小人，小人却认得李探花的。"

李寻欢淡淡道："你认得我最好，他父母若想复仇，叫他们来找我就是，现在你赶快带这孩子回去吧，若是调治得法，将来虽不能动武，行动总无妨的。"

红孩儿"哇"的一声又大哭起来，扑地喊道："好狠的人，你竟敢废了我，我不要活了……不要活了！"

虬髯大汉厉声道："这只不过是叫你以后莫要再随意出手伤人而已，你也许反而可以因此活得长些，否则似你这般心黑手辣，迟早必遭横祸无疑。"

只听一人冷冷道："既是如此，杀手无情的李探花，为何至今还未遭横死呢？"

虬髯大汉怒喝道："什么人？"

只见一个紫面长髯的老人，缓缓走了进来，道："十年不见，李探花就不认得故人了么？"

李寻欢目光闪动，皱着眉一笑，道："原来是'铁胆震八方'秦大侠，这就难怪这孩子敢随意杀人了，有秦大侠撑腰，还有什么人杀不得！"

秦孝仪冷笑道："在下杀的人，只怕还不及李兄一半吧。"

李寻欢道："秦大侠倒也不必太谦虚，只不过，在下若杀了人，便是冷酷毒辣，阁下杀了人，便是替天行道了！"

他微微一笑，接着道："今日这孩子若杀了在下，日后传说出去，必然不会说他是为了要抢大夫而杀人的，必定要说他和秦大侠又为江湖除了一害,是么?"

秦孝仪纵然老练沉稳,此刻脸上也不觉有些发红。

红孩儿本已听得发愣,此刻又放声大哭道:"秦老伯,你老人家还不出手替我报仇么?"

秦孝仪冷冷一笑,道:"若是别人伤了你,自然有人替你复仇,但李探花伤了你,你恐怕只有认命了。"

红孩儿道:"为……为什么?"

秦孝仪横了李寻欢一眼,道:"你可知道伤你的人是谁么?"

红孩儿摇了摇头,道:"我只知道他是个心黑手辣的恶徒!"

秦孝仪目中又露出一丝恶毒的笑意,缓缓道:"他就是名动八方的'天下第一刀'李寻欢,也就是你爹爹的生死八拜之交!"

这句话说出来,红孩儿固然呆住了,李寻欢更吃了一惊,失声道:"他是什么人的儿子?"

巴英叹了口气,道:"这孩子就是龙啸云龙四爷的大公子,龙小云!"

刹那之间,李寻欢宛如被巨雷轰顶,震散了魂魄!

他木然坐在那,一双锐利的眼睛已变为死灰色,眼角的肌肉在不停地抽缩着,一滴滴冷汗沿着鼻注流到嘴角。

虬髯大汉亦是面色惨变,汗出如浆。

只有他最了解龙啸云和林诗音夫妻间的关系,现在李寻欢竟伤了他们的爱子,其心情之沉痛可想而知。

巴英叹道:"这真是想不到的事情,只因秦老爷子的大公子'玉面神拳'秦重，在捕捉'梅花盗'时，不幸受伤，虽仗着少林佛门圣药'小还丹'暂时保全了性命，但仍是危在旦夕。大家都知道，'妙大夫'梅二先生乃天下救治外伤的第一把好手，尤其善于治疗各种外门暗器，是以秦老爷子才辗转打听到梅二先生的消息，寻到这里来，谁知云少爷年轻性急，竟出了这种事。"

他一个人喃喃自语，也不知有没有人在听他的。

梅二先生此刻似也看出李寻欢的痛苦，先看了看红孩儿的伤势，又把了把他的脉息才站起来道："我担保这孩子非但性命无碍，而且一切都可与常人无异。"

巴英大喜道："武功呢？"

梅二先生冷冷道："为何定要保全武功？难道他日后还想杀人么？"

巴英怔了半晌，叹道："梅二先生有所不知，只因龙四爷只有这么一位少爷，而且又是练武的奇才，所以龙四爷夫妇两位都对他期望很高，希望他将来能光大门楣，若是知道他们的孩子已不能练武，龙四爷夫妇真不知该怎么伤心了。"

梅二先生冷笑道："这也只能怪他们管教不严，纵子行凶，怨不得别人！"

他们说的话，李寻欢根本连一个字都没有听见。

也不知怎地，在这种时候，他思潮竟又落入了回忆中，许多不该想的事，此刻他全都想了起来。

他记得那天是初七，他为了一件很重要的事，所以没有过完年就一定要赶着出门到口外去。

那天也在下着雪，林诗音特别为他做了一桌很精致的酒菜，在她自己的小院中陪他饮酒赏雪。

林诗音从小就是在他们家长大的，她的父亲，是李寻欢父亲的妻舅，两位老人家没有死的时候，早已说定亲上加亲了。

但李寻欢和林诗音并没有像一些世俗的小儿女那样因避讳而疏远，他们不但是情人，也是很好的朋友。

虽然过了十年，李寻欢还是清清楚楚地记得那一天。

那天的梅花开得好美，她带着三分醉意的笑靥却比梅花更美，那天真是充满了幸福和欢乐。

但是，不幸的事立刻就随着来了。

他自口外回来时，他的仇家竟勾结了当时凶名最盛的"关外三凶"在邯郸大道上向他夹击。

他虽手刃了十九人，但最后却也已重伤不支，眼见就要伤在大凶卜霸的一双喂毒跨虎篮之下。

就在这时，龙啸云来了。

龙啸云以一柄银枪活挑了卜霸，救了他的性命，又尽心治愈了他的伤势，一路护送他回家。

从此，龙啸云不但是他的恩人，也成了他最好的朋友。

但是后来龙啸云却病了，病得很重，一条铁打般的汉子，不到半个月竟已变得面黄肌瘦，形销骨立。

李寻欢问了很久，才知道他竟是为了林诗音而病的，这条铁铮铮的汉子为情所困，竟已相思入骨。

他自然全不知道李寻欢和林诗音已定了亲，所以他求李寻欢将"表妹"许配给他，他答应李寻欢一定会好好照顾她。

李寻欢怎么能答应他呢？

但他又怎么能眼见着他的恩人相思而死。

而他更不能去求林诗音嫁给别人，林诗音也绝不会答应。

他满心痛苦，满怀矛盾，只有纵酒自遣，大醉了五日后，他终于下了决定，那真是个痛苦的决定。

他决定要让林诗音自己离开他。

于是他就求林诗音去照顾龙啸云的病，他自己却开始纵情声色，花天酒地，甚至经月的不回家。

他要造成龙啸云和林诗音亲近的机会。

林诗音流着泪劝他时，他却大笑着拂袖而去，反而变本加厉，居然将京城的名妓小红和小翠带回家来了。

两年后，林诗音终于失望、心碎。

她终于选择了对她情深一往的龙啸云。

李寻欢的计划终于成功了，但这成功却又是多么辛酸，多么痛苦，他怎么能再留在这里看昔日的梅花？

于是他就将自己的家园全送给林诗音作嫁妆，一个人萧然而去，他决心永远也不再见她。

可是现在，他却伤了他们的独生子！

李寻欢独自吞下了这杯苦酒，也咽下了眼泪，缓缓站起来道："龙四爷在哪里？我随你们去见他！"

昔日的"李园"，如今虽已变成了"兴云庄"，但大门前那两幅御笔亲书的门联却仍在。

一门七进士；
　　父子三探花。

　　李寻欢见到这副对联,就像是有人在他的胸口上重重踢了一脚,使得他再也无法举步。
　　巴英早已抱着红孩儿冲了进去,秦孝仪也拉着梅二先生大步而入,门口的家丁却都带着诧异的眼色望着李寻欢。
　　他们像是在奇怪,这陌生人站在门口发什么呆?

第八章

往事不可追

但这本是李寻欢自己的家园,他从小就在这里长大的,在这里,他曾经度过一段最幸福的童年,得过最大的荣耀,可是,也就在这里,他曾经亲自将他父母和兄长的灵柩抬出去埋葬。

有谁能想到此刻他在这里竟变成个陌生人了。

李寻欢凄然一笑,耳旁似乎响起了一阵凄凉的悲歌:"眼看他起高楼,眼看他宴宾客,眼看他楼垮了。"

他仔细咀嚼着这其中的滋味,体味着人生的离合,生命的悲欢,更是满怀萧索,泫然欲泣。

虬髯大汉也是神色黯然,悄声道:"少爷,进去吧。"

李寻欢叹了口气,苦笑道:"既已来了,迟早总是要进去的,是么?"

谁知他刚跨上石阶,突听一人大喝道:"你是什么人?敢往龙四爷的门里乱闯?"

一个穿着锦缎羊皮袄,却敞着衣襟,手里提着个鸟笼的大麻子从旁边冲过来,拦住了李寻欢的去路。

李寻欢皱眉道："阁下是……"

麻子手叉着腰，大声道："大爷就是这里的管家，我的闺女就是这里龙夫人的干妹妹，你想怎么样？"

李寻欢道："噢——既是如此，在下就在这里等着就是。"

麻子冷笑道："等着也不行，龙公馆的大门口岂是闲杂人等可以随意站着的？"

虬髯大汉怒容满面，但也知道此时只有忍耐。

谁知那麻子竟又怒骂道："叫你滚开，难道是找死吗？"

李寻欢虽还忍得住，虬髯大汉却忍耐不住了。

他正想过去给这个麻子教训，门里已有人高呼道："寻欢，寻欢，真是你来了么？"

一个相貌堂堂、锦衣华服、颔下留着微须的中年人已随声冲了出来，满面俱是兴奋激动之色，一见到李寻欢，就用力捏着他的脖子，嗄声道："不错，真是你来了……真是你来了……"

话未说完，已是热泪盈眶。

李寻欢又何尝不是满眶热泪，道："大哥……"

只唤了这一声"大哥"，他已是语声哽咽，说不出话来。

那麻子见到这光景，可真是骇呆了。

只听龙啸云不住喃喃道："兄弟，你真是想死我了，想死我了……"

他这句话翻来覆去也不知说了多少遍，忽又大笑道：

"你我兄弟相见，本该高兴才是，怎地却眼泪巴巴的像个老太婆……"

他大笑着拥着李寻欢往里走，还在大呼着道："快去请夫人出来，大家全出来，来见见我的兄弟，你们可知道我这兄弟是谁？……哈哈，我说出来包你们都要吓一跳。"

虬髯大汉望着他们，眼泪也快要流了出来，他心里只觉酸酸的，也不知是悲痛，还是欢喜。

那麻子这才长长吐出口气，摸着脑袋道："我的妈呀，原来他就是李……李探花，连这栋房子听说都是他送的，我却不让他进来，我……我真该死。"

那红孩儿龙小云正被十几个人围着，坐在大厅里的太师椅上，他也明白了他父亲和李寻欢的关系，吓得连哭都不敢哭了。

但龙啸云刚拥着李寻欢走入大厅，本来站在龙小云旁边的两条大汉忽然扑了出来，指着李寻欢的鼻子道："伤了云少爷的，就是你吗？"

李寻欢道："不错！"

那大汉怒道："好小子，你胆子真不小！"

两人一左一右，竟向李寻欢夹击而来！

李寻欢并没有回手，但龙啸云忽然怒喝一声，反手一掌，跟着飞起一脚，将两人都打得滚了出去，怒道："你们敢对他出手？你们的胆子才真不小，你们可知道他是谁吗？"

那两人怎么也想不到马屁竟拍在马腿上。

一人捂着脸吃吃道:"我们只不过是想替云少爷……"

龙啸云厉声道:"你们想怎样,告诉你们,龙啸云的儿子就是李寻欢的儿子,李寻欢莫说只不过教训了他一次,就算将这畜生杀了,也是应该的!"

他放声大喝道:"从今以后,谁也不许再提起这件事,若有谁敢再提起这件事,就是成心和我龙啸云过不去!"

李寻欢木然而立,心里也不知是什么滋味。

龙啸云若是痛骂他一场,甚至和他翻脸,他也许还会觉得好受,但龙啸云却如此重义气,他心里只有更惭愧、更难受,黯然道:"大哥,我实在不知道……"

龙啸云用力一拍他肩头,笑道:"兄弟,你怎地也变得这么婆婆妈妈起来了?这畜生被他母亲惯得实在太不像话了,我本就不该传他武功的。"

他大笑着呼道:"来来来,快摆酒上来,你们无论谁若能将我这兄弟灌醉,我马上就送他五百两银子。"

大厅中的人本多是老江湖,光棍的眼睛哪有不亮的,早已全部围了过来,向李寻欢赔笑问好。

突听内堂一人道:"快掀帘子,夫人出来了。"

站在门口的童子刚将门帘掀起,林诗音已冲了出来。

李寻欢终于又见到林诗音了。

林诗音也许并不能算是个真正完美无瑕的女人,但谁也不能否认她是个美人:她的脸色太苍白,身子太单薄,她的眼睛虽明亮,也嫌太冷漠了些,可是她的风神、她的气质,却是无可比拟的。

无论在任何情况下，她都能使人感觉到她那种独特的魅力，无论谁只要瞧过她一眼，就永远无法忘记。

这张脸在李寻欢梦中已不知出现过几千几万次了，每一次她都距离得那么遥远，不可企及的遥远。

每一次李寻欢想去拥抱她时，都会忽然自这心碎的噩梦中惊醒，他只有躺在自己的冷汗里，望着窗外黑沉沉的夜色颤抖，痛苦地等待着天亮，可是等到天亮的时候，他还是同样痛苦，同样寂寞。

现在，梦中人终于真实地在他眼前出现了，他甚至只要一伸手，就可以触及她，他知道这不再是梦。

可是，他又怎么能伸手呢？

他只希望这又是个梦，但真实永远比梦残酷得多，他连逃避都无法逃避，只有以微笑来掩饰住心里的痛苦，勉强笑道："大嫂，你好！"

大嫂！

魂牵梦萦的情人，竟已是"大嫂"，虬髯大汉扭转了头，不忍再看，因为只有他知道李寻欢这一声"大嫂"唤得是多么痛苦，多么辛酸。

他不知道自己若在李寻欢这种情况中时，是否也能唤得出这一声"大嫂"来，他不知道自己是否也有勇气来承受如此深的痛苦。

他若不扭转头去望院中的积雪，只怕早已流下泪来。

而林诗音，却仿佛根本没有听见这一声呼唤。

她的心神仿佛已全贯注在她的儿子身上。

那孩子瞧见了母亲，又放声痛哭起来，他挣扎着扑入他母亲的怀抱里，嘶声大哭着道："我已经没法再练武了，已变成了残废，我……我怎么能再活得下去。"

林诗音紧紧搂住他，道："是……是谁伤了你的？"

红孩儿道："就是他！"

林诗音目光随着他手指望过去，终于望在李寻欢脸上。

她瞪着李寻欢就仿佛在瞪着个素不相识的陌生人，然后，她目光中就渐渐露出了一种怨恨之意，一字字道："是你？真的是你伤了他？"

李寻欢只是茫然地点了点头。

谁也不知道是什么力量支持着他的，他居然还没有倒下去。

林诗音瞪着他，咬着嘴唇道："很好，很好，我早就知道你不会让我快快乐乐地活着，你连我最后剩下的一点幸福都要剥夺，你……"

龙啸云干咳一声，打断了她的话，大声道："你不能这样对寻欢说话，这完全不能怪他，全是云儿自己闯出来的祸，何况，当时他并不知道云儿是我们的孩子。"

红孩儿忽又大声道："他知道，他早就知道了，本来他根本就伤不了我，可是我听说他是爸爸的朋友就住了手，谁知他反而趁机伤了我！"

虬髯大汉愤怒得全身血管都要爆裂，但李寻欢却还是木然站在那里，竟完全没有为自己辩护之意。

无论多么大的痛苦，他都已承受过了，现在他难道还能和一个小孩子争论得面红耳赤么？

龙啸云却厉声道:"畜生,你还敢说谎?"

红孩儿大哭着道:"我没有说谎,妈,我真的没有说谎!"

龙啸云大怒着想去将他拉过来,但林诗音已挡在他面前,嗄声道:"你还想将他怎么样?"

龙啸云跺脚道:"这畜生实在太可恶,我不如索性废了他,也免得他再来现世!"

林诗音苍白的脸上泛起了一阵愤怒的红晕,厉声道:"那么你连我也一起杀了吧!"

她目光在李寻欢脸上一转,冷笑着道:"反正你们都很有本事,要杀死个小孩子固然是易如反掌,再多杀个女人也没什么关系的。"

龙啸云仰天长啸叹了一声,跌足道:"诗音,怎地你也会变得如此无理?"

林诗音根本不理他,已紧紧搂着她的儿子走入了内堂,她的脚步虽轻,但李寻欢的心都已被踩碎了。

龙啸云拍着他肩头长叹道:"寻欢你也莫要怪她,她本不是如此不讲理的女人,可是一个女人若是做了母亲,那么她就会变得不讲理起来了。"

李寻欢黯然道:"我知道,母亲为了自己的儿子,无论做什么事都是应该的。"

他勉强一笑,又道:"我虽然没有做过别人的母亲,至少总做过别人的儿子……"

"借酒浇愁愁更愁",这句传诵千古的诗句,其实并不是完全正确的,喝少量的酒,固然能令人更多愁善感,更容易想起一些伤心的事,但等到他真的喝醉了,他的思想和感觉就完全麻木。那么,世上就没有任何事能令他痛苦了。

李寻欢很了解这一点,他拼命想喝醉。

喝醉酒并不是件困难的事,但一个人伤心的事愈多,喝醉的次数愈多,愈需要喝醉的时候,反而却偏偏很不容易喝醉。

夜已很深。

酒也消耗了不少,但李寻欢却一点醉意也没有。

他忽然发觉别的人也都没有醉意,十几个江湖客在一起喝酒,喝到夜深时居然还没有一个人喝醉,这实在是件很不寻常的事。

夜色愈深,大家的脸色也就愈沉重。一个个都不时伸长脖子往外望,仿佛在等待着什么人似的。

突听更鼓声响,已是三更。

大家的脸色竟不约而同地变了,失声道:"三更了,赵大爷怎地还没有回来?"

李寻欢皱了皱眉道:"这位赵大爷又是何许人也?各位难道一定要等他回来才肯喝酒?"

一人赔笑道:"不瞒李探花,赵大爷若是不回来,这酒咱们实在喝不下去。"

另一人道:"赵大爷就是人称'铁面无私'赵正义赵老爷子,也就是我们龙四爷的结拜大哥,李探花难道还不知道么?"

李寻欢举杯大笑道："十年不见，想不到大哥竟又结交了这许多名声显赫的好兄弟，且待小弟先敬大哥一杯。"

龙啸云脸上似乎红了红，勉强笑道："我的兄弟，也就是你的兄弟，我也敬你一杯。"

李寻欢道："那倒也不错，想不到我竟也凭空多出了几位大哥来，却不知这些大英雄们肯不肯认我这不成才的兄弟？"

龙啸云哈哈大笑道："他们欢喜还来不及哩，焉有不认之理。"

李寻欢道："只……"

他本来也不知要说什么，但话到嘴边却改口笑道："赵大爷素来'铁面无私'，据说终年也难见到他笑一次，他若一来，我只怕吓得连酒都喝不下去了，想不到各位却要等他来了才肯喝酒。"

龙啸云沉默了半晌，忽然敛去笑容，沉声道："梅花盗已重现江湖……"

李寻欢截口道："这件事我倒已听说过。"

龙啸云道："但贤弟可知道这'梅花盗'此刻在哪里么？"

李寻欢道："据说此人行踪飘忽……"

龙啸云也打断了他的话，道："不错，此人的确行踪飘忽，但我却知道他目前必在保定城里，而且说不定已在我们家附近。"

这句话说出来，大家都不约而同地缩了缩脖子，那盆烧得正旺的炉火，似已挡不住外面侵入的寒气了。

李寻欢也不禁为之动容，道："莫非他已在此间现身了么？"

龙啸云叹道："不错，秦孝仪秦三哥的大公子已在前天晚上伤在他手里。"

李寻欢皱眉道："他是在哪里下的手？"

龙啸云一字字道："就在我们家后园，'冷香小筑'前面的梅花林里。"

李寻欢耸然道："他还伤了什么人？"

龙啸云道："贤弟也许还不知道，此人每天晚上素来只伤一人，而且绝不会在三更之前出手！"

他勉强笑了笑，道："他杀人的脾气就好像有些人喝酒一样，不但定时，而且定量。"

李寻欢也笑了笑，但笑容并没有使他的神情看来轻松些，他沉吟了半晌，才沉声问道："昨天晚上呢？"

龙啸云道："昨天晚上倒还很太平。"

李寻欢道："如此说来，他的对象也许只是秦大少爷，此后也许不会来了。"

龙啸云摇了摇头，道："他迟早还是要来的。"

李寻欢扬眉道："为什么？他难道和大哥有什么过不去吗？"

龙啸云又摇了摇头，缓缓道："他的对象既非秦重，也不是我。"

李寻欢失声道："是……是谁？"

龙啸云道："他的对象是林……"

说到"林"字，李寻欢面色已变了，但龙啸云说的并不是"林诗音"，而是"林仙儿"。

李寻欢暗中松了口气，道："林仙儿？她又是何许人也？"

龙啸云大笑道："兄弟，你若连林仙儿都不知道，只怕真的是老了，换了十几年前，你对林仙儿这名字只怕比谁都清楚得多。"

李寻欢微笑道："如此说来，她莫非也是位美人？"

龙啸云道："她非但是位美人，而且是大家公认的武林第一美人，江湖中的风流侠少为她神魂颠倒的，也不知有多少。"

他指点着身旁的一群人大笑道："你以为他们真是冲着我龙四的面子来的吗？若不是林仙儿在这里，我就算每天摆上整桌的燕翅席，他们也未必肯上门。"

大家的脸都红了，其中两个锦衣少年的脸红得更厉害，龙啸云用力拍着他们的肩头，又笑着道："你们的运气总算还不错，现在总算还有希望，我这兄弟若是年轻十年，哪里还有你们的份儿。"

李寻欢也大笑道："大哥以为我真的老了么？我的人虽老了，心却还未老哩。"

龙啸云目光闪动，忽又大笑道："不错不错，一点也不错，她裙下之臣虽然比蚂蚁还多，但除了你之外，只怕谁也没有希望。"

李寻欢苦笑道："只可惜我已在酒缸里泡了十年，手段已大不如前了。"

龙啸云紧紧握住了他的手,道:"贤弟有所不知,这位林姑娘非但美如天仙而且很有志气,她什么人都不愿意嫁,却扬言天下无论谁只要能除去'梅花盗',就算是个又麻又跛的老头子,也可以娶她做老婆。"

李寻欢道:"只怕就因为这缘故,所以'梅花盗'也一心要除去她。"

龙啸云道:"正是如此,'梅花盗'前天晚上到'冷香小筑'去,也正是为了找她,想不到秦重恰巧在那里,竟做了她的替死鬼。"

李寻欢目光闪动道:"秦大少爷也是她的裙下之臣么?"

龙啸云苦笑道:"他本来倒还蛮有希望的,只可惜现在……"

李寻欢笑了笑,道:"'冷香小筑'寂寞多年,如今有那位林姑娘住在那里,想必已热闹了起来,三更半夜里,居然还有多情公子在门外徘徊。"

龙啸云的脸又红了红,苦笑道:"'冷香小筑'是兄弟你的故居,我本不该让别人住进去的,可是……可是……"

李寻欢截口道:"那地方能得美人青睐,正是蓬荜生辉,土木若有知,只怕也要乐不可支了,绝不会再让我这痨病鬼再住进去随地吐痰的。"

他目光炯炯,凝注着龙啸云,微笑着又道:"可是,这位林姑娘和大哥你又有什么关系呢?"

龙啸云干咳两声,道:"她是诗音在普陀上香时认得的，两人一见投缘，就结为姐妹，正好像兄弟你和我的情况一样。"

李寻欢似乎怔了怔，道："她的父亲难道就是我方才在门外见到的那位大管家么？"

龙啸云苦笑道："你想不到吧？其实谁也想不到那种父亲竟能生得出她那样的女儿来，这就叫乌鸦窝里出了个凤凰。"

李寻欢道："那位'铁面无私'赵大爷难道是去约帮手来保护她？赵大爷如今难道也变得怜香惜玉起来了？"

龙啸云似乎并未听出他话里的讥诮之意，道："赵老大除了要保护她之外，更想趁这机会除去'梅花盗'，何况，中原武林的世家巨族已出了笔为数可观的银子来缉捕'梅花盗'，这笔银子现在就存在我这里，若有什么闪失，这责任只怕谁也承担不起。"

李寻欢听到这里，方为之动容，失声道："大哥为何要将这担子背下来呢？"

龙啸云叹了口气，道："既然有了担子，就得有人来背，兄弟你说对不对？"

李寻欢沉默了半晌，喃喃道："现在又是三更了，梅花大盗今天晚上会不会再来？"

他忽然长身而起，道："赵大爷还未回来，各位的酒既然喝不下去，我还是趁这时候到四下去逛逛，也好去探望探望那些老友梅花。"

龙啸云皱眉道："兄弟你想探望的只怕不是梅花，而是'梅花盗'吧！"

李寻欢笑而不答。

龙啸云皱眉道:"你定要去孤身涉险?"

李寻欢还是笑而不答。

龙啸云凝目望了他半晌,忽然大笑道:"好好好,我知道你若决定要做一件事,那是谁也拦不住的,何况,'梅花盗'知道李探花在这里,只怕就不敢来了!"

后园中梅花仍无恙,仿佛比十年前开得更盛了,但园中的人呢?人纵然也有梅花那一身傲骨,却又怎禁得起岁月的消磨?花谢了还会再开,但人呢?人的青春逝去后,还有谁能再追回?

李寻欢静静地站在那里,凝望着远处楼头的一点灯火,十年前,这小楼本属于他的,楼中的人本也属于他的。

但现在,这一切也都随着青春而去,是永远再也无法追回的了,现在他所剩下的,只有相思,只有寂寞。

相思虽苦恼,但若不相思,他只怕已无法再活着。

踏过积雪的小桥,便是一片梅林。

梅林中也露出小楼一角,这正是李寻欢昔日读书学剑的地方,这小楼与远处那小楼遥遥相对,雪霁的时候,他只要推开窗户,就可以瞧见对面小楼那多情人儿的多情眼波,也正在向他凝睇。

但现在……

"情到浓时情转薄",李寻欢长长叹了口气,抖落了身上的积雪,黯然走过了小桥,踏碎了桥上的积雪。

后园中寂无人影,也听不到人声,三更后正是梅花盗随时都可能出现的时候，还有谁愿意逗留在这里？

李寻欢缓缓走向默林中的冷香小筑。

他倒并不是想去探望那位绝世的美人林仙儿，他知道在这种时候，林仙儿也绝不会还逗留在这里的。

他只不过忍不住想去看看他昔日的故居，人在寂寞时，就会觉得往日的一切都是值得留恋的。

就在这时，静寂的梅林中，忽然发出一声轻笑。

李寻欢整个人立刻变了，就在这一刹那间，他懒散的身体里已立刻充满了力量，狡兔般向笑声传出的方向扑了过去。

他仿佛听到一声女子的惊呼，只不过呼声很轻。

接着，他就看到一条白色的人影从后面逃走，却另有一条黑色的人影迎面向他扑了过来。

这人的身形异常高大，来势更快得惊人，人还在两三丈外，已有一种凌厉的冷风直逼李寻欢的眉睫。

李寻欢立刻就发觉这人练的是一种极奇诡阴森的外门掌力，而掌力之强，已无疑是武林中的一流人物。

梅花盗！

难道这人就是梅花盗？

李寻欢并没有硬接这一掌，不到万不得已时，他从不肯浪费自己的真力和别人硬拼，因为他觉得他的气力比别人珍贵得多。

有一次"金刚手"邓烈醉后硬逼着要和他对掌，但李寻欢却再三拒绝，邓烈就问他为何不肯。

李寻欢的回答很妙，他说："我又不是牛，为何要跟你斗牛？"

他觉得武功也是种艺术，纵不能妙参化境，至少也要清淡自然，若和别人以蛮力相拼，那就简直愚蠢得和牛差不多了。

但邓烈是他的朋友，他可以拒绝，现在这人却仿佛存心要将他立毙掌下，凌厉的掌力，已将他所有退路全都封死。

何况，两人的身形都在往前扑，无论谁若想在这间不容发的刹那间抽身闪避，纵能成功，也势必要被对方抢得先机，那么，等到对方第二掌击出时，他再想闪避，就难如登天了！

李寻欢身形突然向后退了出去。

他身形的变化，比鱼在水中还要灵活。

黑衣人厉叱一声，掌力又呼啸着向他压了下来。

李寻欢箭一般退了出去，身子几乎已和地面平行，他的手似乎并没有什么动作，但飞刀已射出去。

刀光一闪，如黑夜中的流星！

黑衣人忽然狂吼一声，冲天飞起，凌空转了个身，"飞鸟投林"向梅林后如飞奔般逃了出去。

李寻欢脚跟一点地，身子就站了起来，他像是很悠闲地站在那里，居然并没有追赶之意。

但那黑衣人还未冲出梅林，就已倒下！

李寻欢摇着头，叹了口气，缓缓踱过去，雪地上已多了一连串鲜血，那黑衣人就倒在血痕的尽头。

他双手握着自己的咽喉，鲜血还不停地自指缝里沁出，那柄发亮的小刀，已被拔了出来，就抛在他身旁。

李寻欢俯身拾起了他的刀，也看到了黑衣人那张已因痛苦而痉挛的脸，他失望地叹息了一声，喃喃道："你既非梅花盗，何苦要逼我出手呢？"

那人咬着牙，喉咙咯咯作响，却说不出话来。

李寻欢道："你虽不认得我，我却认得你，你是伊哭的大徒弟，十年前我就见过你了，只要被我见过一面的人，我就不会忘记。"

那人挣扎着，嘶声道："我……我也认得你！"

李寻欢叹道："你既然认得我，为什么要杀我呢？难道是杀我灭口？但你就算是到这里来和别人幽会的，也并不是什么见不得人的事呀。"

那人喘息着，目光中充满了怨毒之意，眼珠子都快凸了出来，他似乎还想挣扎着说话，但稍微一用力，鲜血又飞溅而出。

李寻欢摇了摇头，喃喃道："我知道你一定有什么秘密不愿被人知道，所以不分青红皂白，就想将我杀了灭口，那时你只怕也未想到要杀的对象会是我。"

他又叹了口气道："你要杀我，所以我才杀你，你选错了对象，我也选错人了……"

那人狂吼一声，忽然又向李寻欢扑了过去。

但李寻欢只是静静地望着他，动也不动，眼看他的手掌已将触及李寻欢的胸膛，就"噗"地跌了下去，永远也不会动了。

李寻欢还是静静地望着他，过了很久之后，才皱着眉道:"前天晚上是秦孝仪的儿子,今天晚上是伊哭的徒弟,看来这位林仙儿空闲的时候还真不多,眼光也不错,约会的倒全都是名家的子弟,但哪个少女不怀春?哪个少男不多情?这又不是什么犯法的事,他为何要这么怕人撞见呢?难道这其中还有什么秘密?"

冷香小筑中的灯光还在亮着,方才那淡白色的人影,正是往那边逃走的,人影看来很苗条,会不会就是林仙儿?

李寻欢沉思着,缓缓踱过去。

他的眼睛在闪着光,似乎发现了一些很有趣的事。

风穿过梅林,积雪一片片落了下来。

忽然间,一片片积雪似乎被一种无形的劲气震得粉末般四散飞扬,接着,寒光一闪,直到李寻欢的背脊。

这一剑非但来势奇快,而且剑气激荡,凌厉无比,纵然迎面刺来,也令人难以抵挡,何况是自背后偷袭。

李寻欢身着重裘,犹自觉得剑气砭人肌骨。

这时剑尖的寒芒,已划破了他的貂裘。

在这寂静的寒夜,寂静的梅林中,竟似随时随地都有人一心想将他置之于死地!他流亡十年,刚回到家。

这难道就是欢迎他回家的表示么?

李寻欢若是向左闪避,右胁就难免被剑锋洞穿;若是向右闪避,左胁就难免被洞穿;若是向前闪避,背脊的正中就要多个窟窿,因为他无论如何闪避,都不可能比这一剑更快!

他身经百战,却从未遇见这么快的剑!

"哧"的一声,剑锋刺入了李寻欢的貂裘。

但李寻欢的身子却已在这刹那间,贴着剑锋滑开,冰凉的剑锋,贴着他肌肤时,他只觉全身汗毛都悚栗起来!

他身经百战,却也从未有如此这般接近死亡。

对方一剑刺空,似乎觉得更吃惊,剑锋一扭,横划过去,但李寻欢掌中的刀已急划他手腕。

这一刀快得竟根本不容对方剑势变化。

那人大惊之下,剑已撒手,凌空一个翻身,倒掠出去。

李寻欢的飞刀已到了指尖!

世上还有谁的身法,能快得过小李飞刀!

谁知就在这时,突听一人大呼道:"兄弟!住手!"

这是龙啸云的声音。

李寻欢怔了怔,龙啸云已冲入了梅林,那人也凌空翻落,却是个面色惨白的锦衣少年。

龙啸云挡在他和李寻欢中间,跌足道:"你们两位怎会交上手的?"

锦衣少年的眼睛在夜色中看来就像一只猫头鹰。

他瞪着李寻欢,冷冷道:"林外有个死人,我只当林中的必是梅花盗。"

李寻欢笑了笑道:"你为何未将那死人当作梅花盗呢?"

少年冷笑道:"梅花盗只怕还不会如此容易就栽在别人手上。"

李寻欢道:"梅花盗难道一定要等着死在阁下手上

么？只可惜……"

龙啸云大笑抢着道："两位都莫要说了，这全是误会，幸亏我们及时赶来，否则两虎相争，若是伤了一人，可就真不妙了。"

李寻欢微微一笑，将挂在貂裘上的剑拔了下来，轻轻一弹，剑作龙吟，李寻欢微笑着道："好剑！"

他双手将剑送了过去，又道："剑是名剑，人也必是名家，今日一会纵是误会，但在下却也觉得不胜荣宠之至，名家的剑，毕竟不是人人都可尝得到的。"

少年苍白的脸似也红了红，忽然抢过了剑，随手一抖，只听"锵"的又是一声龙吟，剑已折为两段！

李寻欢叹道："如此好剑，岂不可惜。"

少年的眼睛始终瞪着李寻欢，厉声道："不用这柄剑，在下也可杀人的，这倒不劳阁下费心。"

李寻欢笑道："早知如此，在下就用不着将这柄剑还给阁下了，拿这柄剑去换件衣服来挡挡寒，总也是好的。"

少年冷笑道："这倒也用不着阁下担心，在下莫说只划破阁下一件貂裘，就算划破了十件，也照赔不误的。"

李寻欢道："但在下这件貂裘，阁下只怕还找不出第二件来。"

少年道："哦，阁下这件貂裘上难道还有什么花样不成？"

李寻欢正色道："别的花样倒也没有什么，只不过有双眼睛。"

第九章

何处不相逢

少年听了李寻欢的话，怔了怔，嘿嘿冷笑着道："有趣有趣，阁下的确有趣得很，貂裘上居然还长着眼睛！"

李寻欢淡淡一笑道："我这件貂裘上若是没有长眼睛，又怎会看见阁下的宝剑，又怎会躲得过阁下自背后刺来的一剑呢？"

少年脸色立刻变了，一双手已气得发抖。

龙啸云干咳两声，大笑道："两位都在说笑，'藏剑山庄'的少庄主，固然绝不会在乎区区一柄剑，但兄弟你又怎会在乎区区一袭貂裘呢？"

李寻欢动容道："这位原来就是游少庄主！"

龙啸云笑道："不错，游兄不但是藏龙老人的公子，也是当代第一剑客'天山雪鹰子'前辈的唯一传人，两位正是一时之瑜亮，此后一定要多亲近亲近。"

游龙生的眼睛还在瞪着李寻欢，冷笑道："亲近倒不敢，只不过这位朋友高姓大名？"

龙啸云笑道："游兄原来还不认得我这位兄弟，他姓李，叫李寻欢，放眼当今天下，只怕也唯有我这兄弟够资格和游兄你交朋友了。"

李寻欢这名字说出来，游龙生脸色又变了，眼睛盯在李寻欢手里那柄小刀上，久久都未移开。

李寻欢却似根本未听到他们在说什么，目中又露出了异样的光芒，嘴里喃喃自语，仿佛在说："果然又是位名家子弟！"突见一人冲了进来，厉声道："外面那人是谁杀死的？"

这人颧骨高耸，满面威棱，花白的胡子并不浓密，露出一张嘴角下垂的阔口，更显得威严沉重，平时也带着三分杀气，正是江湖中人人都对他带着几分畏惧的"铁面无私"赵正义赵大爷。

李寻欢笑了笑，道："除了我还有谁？"

赵正义目光如刀，瞪着他，厉声道："是你，我早该想到是你，你无论走到哪里，都会带来一片血腥气。"

李寻欢道："那人不该杀？"

赵正义道："你可知道他是谁？"

李寻欢叹道："只可惜他不是梅花盗。"

赵正义怒道："你既然知道他不是梅花盗，为何还要下毒手？"

李寻欢淡淡道："我虽也不想杀他，但也不愿被他杀了，无论如何，杀人总比被人杀好些。"

赵正义道："他先要杀你？"

李寻欢道："嗯。"

赵正义道："平白无故，他为何要杀你？"

李寻欢道："我也觉得很奇怪，正想问问他，只可惜他不理我。"

赵正义大怒道:"你为何不留下他的活口?"

李寻欢道:"我也很想留下他的活口,只可惜我手里这柄刀一发出去,对方是活是死,就连我自己也无法控制了。"

赵正义跺了跺脚,道:"你既已出关,为何偏偏还要回来?"

李寻欢微笑道:"只因我对赵大爷想念得很,忍不住想回来瞧瞧。"

赵正义脸都气黄了,指着龙啸云道:"好好好,这是你的好兄弟惹下来的祸,别人可管不着。"

龙啸云赔笑道:"有话好说,大哥何必发这么大的脾气。"

赵正义道:"还有什么好说的!我们对付一个梅花盗,已经够头疼的了,如今再加上个'青魔'伊哭,谁还受得了。"

李寻欢冷笑道:"不错,我杀了伊哭的爱徒丘独,伊哭知道了一定会来寻仇,但他要找的也只不过是我一个人而已,赵大爷你又何必替我担心呢?"

龙啸云忽然道:"丘独三更半夜到这里来,显然也没有存着什么好心,兄弟你杀他本就杀得不冤,他若被我撞见,我只怕也要杀死他的!"

赵正义不等他说完,气得扭头就走。

游龙生忽然一笑,道:"赵大爷毕竟老了,脾气愈来愈大,胆子却愈来愈小,其实伊哭来了又有何妨,在下也正好见识见识名满天下的探花飞刀！"

李寻欢淡淡道："其实阁下若果有此心，就并不一定要等伊哭来了。"

游龙生脸色又变了变，像是想说什么，但瞧了李寻欢掌中的刀一眼，终于什么都没有说，也掉首而去。

龙啸云想追出去，又站住，摇头叹道："兄弟，你这又是何苦？就算你瞧不起他们，不愿和他们交朋友，也不必得罪他们呀。"

李寻欢笑道："他们反正早已认为我是不可救药了，得不得罪他们都一样，倒不如索性将他们气走，反而可以落得个眼前干净。"

龙啸云道："朋友多一个总比少一个好。"

李寻欢道："但世上又有几人能不负这'朋友'二字？像大哥你这样的朋友，无论谁只要交到一个已足够了。"

龙啸云大笑起来，用力拍着李寻欢的肩头，道："好，兄弟，只要能听到你这句话，我就算将别的朋友全都得罪了，也是值得的。"

李寻欢心头一阵激动，又不停地咳嗽起来。

龙啸云皱眉道："这些年来，你的咳嗽……"

李寻欢像是不愿听到他提起这件事，立刻打断了他的话，道："大哥，我现在只想见一个人。"

龙啸云道："谁？"

他浓眉轩动，不等李寻欢回答，又道："是不是林仙儿？"

李寻欢笑了笑,道:"大哥真不愧为我的知己。"

龙啸云展颜大笑道:"我早知道你迟早忍不住要想见她的,李寻欢若连天下第一美人都不想见,那么李寻欢就不是李寻欢了。"

李寻欢微笑着,似已默认。

可是他心里在想着什么呢?除了他自己之外,只怕谁也不知道。

龙啸云已拉着他往外走,笑着道:"但你若想到这里来找她,却找错地方了,自从前天晚上的事发生之后,她晚上已不敢再留在冷香小筑。"

李寻欢道:"哦。"

龙啸云道:"这两天晚上,她一直陪着诗音在一起,你也正好顺便去看看诗音……唉,她究竟是个女人,你就算去安慰安慰她又有何妨。"

他根本未留意李寻欢目中的痛苦之色,叹了口气,接着又道:"其实,她也不是不知道云儿的可恶,绝不会真的怪你。"

李寻欢勉强一笑,道:"但我们既已来到这里,不如还是到冷香小筑去瞧瞧吧,说不定那林姑娘现在已回来了呢?"

龙啸云笑道:"也好,看来你今天晚上若见不到她,只怕连觉都睡不着了。"

李寻欢还是微笑着,也不分辩。

但他的眼睛却在闪着光,似乎隐藏着什么秘密。

冷香小筑里果然没有人。

李寻欢一走进门，又一脚踏入十年前的回忆里。

这屋子里的一切竟都和十年前没有丝毫变化，一桌一几，也依旧全都安放在十年前的位置，甚至连桌上的笔墨书籍，都没有丝毫变动，若不是在雪夜，那窗前明月，屋角斜阳，想必也都依旧无恙。

李寻欢仿佛骤然又回到十年前，时光若倒退十年，他也许刚陪林诗音数过梅花，也许正想回来取一件狐裘为她披上，也许是回来将他们方自吟出的佳句记下，免得以后遗忘。

但现在李寻欢想去遗忘时，才知道那是永远无法遗忘的，早知如此，那时他又何苦去用笔墨记下？

雪，又在落了。

雪花轻轻地洒在窗子上，宛如情人的细语。

李寻欢忍不住长长叹了口气，道："十年了……也许已不止十年了，有时时间仿佛过得很慢，但等它真过去时，你才会发现它快得令你吃惊。"

龙啸云自然也有很多感慨，却忽又笑道："你还记不记得我第一天到这里来的时候，那天好像也在下雪。"

李寻欢道："我……我怎会忘记。"

龙啸云大笑道："我记得那天我们两人几乎将你家的藏酒都喝光了，也是我唯一看到你喝醉的一次，但你却硬是不肯承认喝醉，还要和我打赌，说你可以用正楷将杜工部的《秋兴八首》写出来，而且绝对一笔不苟。"

他忽然在桌上的笔筒里抽出了一支笔，又道："我还记得你用的就是这支笔。"

李寻欢的笑容虽然那么苦涩,却还是笑着道:"我也记得那次打赌还是我赢了。"

龙啸云笑道:"但你大概未想到,过了十多年后,这支笔还会在这里吧。"

李寻欢微笑不语,但心里却不禁泛起一阵凄凉之意:"笔虽然仍在,怎奈已换了主人……"

龙啸云道:"说来也奇怪,林仙儿好像早已算准你要回来似的,虽已住到这里好多年了,但这里的一草一木她都未动过……"

李寻欢淡淡道:"她本不必如此做的。"

龙啸云笑道:"我们并没有要她这么做,但她却说……"

突听一人唤道:"四爷……龙四爷!"

龙啸云推开窗子,皱眉道:"我在这里,什么事?"

那人喘息着道:"秦大少爷似乎不对了,所以秦老爷子请四爷快去看看。"

龙啸云脸色变了变,回头道,"兄弟你……"

李寻欢道:"我……我还想在这里看看,不知道可不可以?"

龙啸云笑道:"当然可以,这本是你的地方,就算林仙儿回来,也只有欢迎的。"

他匆匆走了出去,一走出门,笑容就瞧不见了。

李寻欢在一张宽大的、铺着虎皮的紫檀木椅上坐了下来,这张椅子,只怕比他的年纪还要大些。

他记得自己很小的时候,总是喜欢爬到这张椅子上为他的父亲磨墨，他只希望能快些长高，能坐到椅子上，那时他心里总有一种奇妙的想法，总是怕椅子也会和人一样，也会渐渐长高。

终于有一天，他能坐到椅子上了，他也已知道椅子绝不长高，那时他又不禁暗暗为这张椅子悲哀，觉得它很可怜。

但现在，他只希望自己能和这张椅子一样，永不长大，也永远没有悲伤，只可惜现在椅子仍依旧，人都已老了。

"老了……老了……"

突听一人轻轻笑道："谁说你老了？"

人还在窗外，但笑声已在屋子里荡漾起一阵温暖之意，她的人虽还未进来，却已将春天带了进来，笑声已如此，人自然更可想而知了。

李寻欢眼睛立刻亮了起来，但却只是静静望着那扇门，既没有站起，也并没有说什么。

林仙儿终于走了进来。

武林中人的眼睛并没有瞎，她的确是人间的绝色，若有人曾用花来描述过她，那人实在是辱没了她。

世上又有哪种鲜花能及她如此动人？

她全身虽然没有一处不令人销魂，但最销魂处还是她的眼睛，没有男人能抗拒她这双眼睛。

这是双令人犯罪的眼睛。

她的态度却是那么亲切，那么大方，绝没有丝毫要令人犯罪的意思，看来又仿佛世上最温柔、最纯洁的女孩子。

但无论她看来像什么,都已无法改变李寻欢对她的印象了,因为李寻欢这并不是第一次见到她。

就在那酒店的厨房里,就在蔷薇夫人的尸体旁,李寻欢早已领教过她的"温柔",她的"纯洁"!

但李寻欢却几乎还是难以相信眼前这女子,就是那天一心要逼他交换"金丝甲"的神秘美人。

因为现在她的神情和那天好像是两个人,若不是李寻欢确信自己绝不会看错,那么他就简直不能相信那天那毒辣、淫荡,显然已饱经沧桑的女子,就是眼前这笑得又天真、又甜蜜的小姑娘。

李寻欢长长叹了口气,闭上眼睛。

林仙儿眼波流动,柔声道:"你为什么闭上眼睛,难道不愿意见我么?"

李寻欢笑了笑,道:"我只不过是在回想那天你脱光了衣服时的模样。"

林仙儿的脸似乎红了红,幽幽叹道:"我本来希望你认不出我的,可是我也知道这希望并不大。"

李寻欢道:"我若这么快就将你忘记了,你岂非也会觉得很失望。"

林仙儿嫣然一笑,道:"可是你见到我并不吃惊,难道你早已想到我是谁了吗?"

李寻欢道:"这也许是因为武林中能被称为'美人'的人并不多吧!"

林仙儿笑道:"这也许是因为你见到伊哭的徒弟,就想到了我那双青魔手,见到了游龙生,就想到了我的鱼肠剑,是吗?"

李寻欢微微一笑,道:"我只奇怪,你既然知道我在这里,怎么还敢来见我?"

林仙儿叹息着,咬着嘴唇道:"丑媳妇既然难免见公婆,躲着也没有用的,所以,龙四哥一叫我来,我立刻就赶着来了。"

李寻欢道:"哦?是他要你来的?"

林仙儿又笑了,道:"你难道还不懂他的意思?他早就想为我们拉拢了,这也许是因为他觉得有些对不起你,抢了你的……"

说到这里,李寻欢的脸骤然沉了下来,因为他已知道她要说什么了,但他的脸一沉,林仙儿也立刻停住了嘴。

她永远不会说别人不爱听的话。

李寻欢却似还在等她说下去,过了半晌,才一字字道:"他并没有对不起我,任何人都没有对不起我,只有我对不起别人。"

林仙儿脉脉地凝注着他,道:"你对不起谁?"

李寻欢冷冷道:"我对不起的人太多了,连我自己都数不清。"

林仙儿柔声道:"随便你怎么说,我都知道你绝不是这样的人。"

李寻欢道:"你知道我是怎么样的人?"

林仙儿道:"我当然知道,我很小很小的时候,就听说过你的事了,所以当我知道这就是你以前住的地方时,我兴奋得简直没法子睡觉。"

她轻盈地转了个身,道:"你看,这屋子里所有的东西,是不是全都和你十年前离开这里时一样?就连你藏在书架里的那瓶酒,我都没有动过,你可知道这是为了什么?"

李寻欢只是冷冷地望着她。

林仙儿笑了笑,道:"你当然不会知道,但我却可以告诉你,因为只有这样,我才能感觉到这是你住的地方,有时我甚至觉得你还在这屋子里,坐在这椅子上,静静地看着我,轻轻地陪着我说话。"

她眼波渐渐蒙眬,低语着道:"有时我半夜醒来,总觉得你仿佛就睡在我身旁,那床上、枕头上,还留着你的气息!"

李寻欢忽然一笑,道:"除了我之外,只怕还有别的人吧?"

林仙儿咬了咬嘴唇,道:"你以为这屋子还有别人进来过?"

李寻欢淡淡道:"这地方已经属于你,你让谁进来都无妨。"

林仙儿道:"你以为游龙生、丘独这些人一定进来过,是吗?"

她眼圈似已红了,道:"告诉你,我从来也没有让他们走进过这道门,所以他们只有等在梅林中,我若肯让他们进来,丘独和秦重也许就不会死了。"

李寻欢皱眉道:"既是如此,你为何不让他们进来？"

林仙儿咬着嘴唇道："只因为这是你的地方，我要……要替你保留着，绝不能让别的男人进来，破坏你留下来的……的……"

她似乎不知怎么说了。

李寻欢微微一笑，替她接下去，道："味道？"

林仙儿的脸红了，垂首道："我的意思，你明白了么？"

李寻欢笑道："但我却直到现在才知道我身上是有味道的……是什么味道？是香？还是臭？"

林仙儿的头垂得更低，道："我对你说了这些话，并不是为了要你耻笑我的。"

李寻欢道："你是为了什么？"

林仙儿道："我的意思你还不知道？"

李寻欢又笑了，道："如此说来，用不着别人拉拢，我也很有希望了。"

林仙儿道："若不是我早已……早已对你……那天我怎么会对你……"

虽然每句话她都只说了一半，但有时话只说一半，比全说出来还要有效得多，也有趣得多。

李寻欢悠然笑道："原来你那天只是为了喜欢我而那样做的，我还当你是为了金丝甲哩。"

林仙儿道："我……我当然也是为了金丝甲，但对象若不是你，我怎么肯……怎么肯……"

李寻欢笑道："原来你那样做是一举两得。"

林仙儿道:"你一定还在奇怪,我为什么那么想要金丝甲?"

李寻欢道:"我实在有点奇怪。"

林仙儿道:"那只因我想亲手杀死梅花盗!"

李寻欢道:"哦?"

林仙儿道:"你总该知道,无论谁杀死梅花盗,我都要嫁给他,这话虽是我自己说的,可是其中也有很多苦衷。"

李寻欢笑道:"你要亲手杀死梅花盗难道是为了要你自己嫁给你自己么?"

林仙儿道:"我这样做,只是为了我不愿嫁人,所以我若自己杀死梅花盗,就用不着嫁给别人了。"

她忽然抬头凝注着李寻欢,幽幽道:"只因天下的男人,没有一个是我看得上眼的。"

李寻欢目光也在凝注着她,道:"我呢?"

林仙儿红着脸抿嘴一笑,道:"你自然是例外。"

李寻欢道:"为什么?"

林仙儿柔声道:"因为你和别的男人都不同,那些人就像狗一样,无论我怎样对他们,他们还是要死缠着我,只有你……"

李寻欢淡淡一笑,道:"那么你为何不将金丝甲留在我这里,等我杀死了梅花盗,你再嫁给我,这样岂非也一举两得么?"

林仙儿似乎怔了怔,但瞬即嫣笑道:"这实在是好主意,我为何没有想起来?"

李寻欢目光闪动,微笑着道:"这么好的主意,除了我之外,还有谁能想得出?"

林仙儿似乎听不出他话中的讥诮之意,紧紧握住了他的手,道:"我知道梅花盗这两天一定会来的,明天我就在这里等着他。"

李寻欢道:"你要我明天也到这里来,是么?"

林仙儿道:"你以我为饵,将他引来,反正金丝甲在你身上,你纵然制不住他,他无论如何也伤不了你的,你若制住了他……"

她又红着脸垂下头,那双销魂的眼睛仍在悄悄瞟着李寻欢,她嘴里没有说出来的话,已用眼睛说了出来。

李寻欢眼睛里也在闪着光,笑道:"好,明夜我一定来,我若不来,就是呆子了!"

林仙儿悄悄缩回了手,但纤纤的指尖仍在李寻欢手背上轻轻地画着圈圈,似乎要圈住李寻欢的心。

李寻欢忽又笑道:"你总算已学乖了。"

林仙儿红着脸道:"我本来就很乖。"

李寻欢道:"你总算已学会让男人来主动。"

林仙儿喘息忽然急促了,颤声道:"但你……你现在不会的……是吗?"

李寻欢凝注着她,目光仍是那么冷静,就像是一湖秋水,但嘴角却已露出了并不冷静的笑容,道:"你怎知道我不会?"

林仙儿吃吃地娇笑起来,道:"因为你是个君子,不是吗?"

李寻欢淡淡笑道:"我平生只做过一次君子,那次我后悔了三天。"

林仙儿娇笑着,似乎想逃走。

但李寻欢已一把拉住了她,笑道:"原来你不止学会了让男人主动,还学会了逃。"

林仙儿"嘤咛"一声,喘息着道:"这全是你教我的,是你教我该如何勾引你,不是吗?"

第十章

十八年旧怨

李寻欢叹了口气,道:"我教得太多,你也学得太快了。"

他忽然推开了她,拍了拍衣裳站起来,瞪着窗子道:"今天的戏已演完了,阁下若是还未看够,明天请早吧。"

窗外传来了"嗤"的一声冷笑,一人道:"阁下的手段果然高明,但望阁下的飞刀也同样高明才好!"

说到后面一句话,语声已远在十丈开外。

林仙儿变色道:"是游龙生。"

李寻欢悠然道:"你怕他吃醋?"

林仙儿目中露出了狠毒之意,冷笑道:"他凭什么吃醋?……想不到这种自命不凡的世家子弟,也会做这种不要脸的事,以后我若再理他才怪。"

李寻欢微笑道:"你不怕他将鱼肠剑要回去?"

林仙儿道:"我就算将鱼肠剑丢在他面前,他也不敢捡的。"

李寻欢道:"哦!"

林仙儿抿嘴一笑,道:"我早就说过,这种人就像狗一样天生的贱骨头,你愈打他骂他,他愈要跟在你后面摇尾巴。"

李寻欢道:"有条狗跟在后面摇尾巴,也蛮有趣的。"

林仙儿拉住他的手,道:"你……你难道真是要走了,为什么不多坐坐?"

李寻欢笑道:"我若再坐下去,等到狗来咬我一口,那就无趣了。"

林仙儿道:"哼,他敢……"

话未说完,只听游龙生远远道:"这边的戏演完了,那边又有戏开锣,阁下不想去看看吗?"

李寻欢失笑道:"你看,我早就知道他绝不会让我再坐下去的。"

林仙儿恨恨道:"讨厌鬼。"

她忽又一笑,拉着李寻欢的手道:"但我们还有明天,明天晚上莫忘了早些来。"

游龙生已走了,但李寻欢一出梅花林,就听得远处传来了一阵叱咤怒骂声,拳风激荡声。

他已听出其中有那虬髯大汉的声音,立刻一撩衣襟,"燕子三抄水",只三个起落,已赶了过去。

假山后也有三间明轩,这时轩前的雪地上正有两人在恶斗,两人俱是拳风刚猛,震得四下积雪漫天飞起。

只听虬髯大汉怒喝着道:"姓秦的,你自命侠义,其实却一文也不值,你儿子伤重不治,和别人又有什么关系，你怎能对他下毒手？"

和他动手的人，正是"铁胆震八方"秦孝仪，此刻也怒吼着道："你算什么东西，也不问自己是什么身份，居然敢来管老夫的闲事，老夫索性连你也一起废了！"

龙啸云正在一旁跺着脚相劝，游龙生却在负手旁观。

李寻欢燕子般掠了过去，龙啸云立刻迎上来，跺脚道："兄弟，你快劝劝他们吧，梅花盗还未现身，自己人却先打起来了，这……这算什么呢？"

游龙生冷笑道："这就叫强将手下无弱兵，想不到李探花的门下奴也有这么大的本事，果然是凶得很、凶得很……"

李寻欢淡淡道："不错，他的确凶得很，但别人若不惹他，他也绝不会凶的。"

他不让游龙生再说话，就转向龙啸云道："这是怎么回事？"

龙啸云叹道："就因为秦重伤重不治，所以秦三哥……"

李寻欢皱眉道："他自己儿子伤重不治，难道就迁怒在梅二先生身上。"

龙啸云苦笑道："他们父子情深，秦三哥自然难免悲痛，一时失手伤了梅二先生，但伤得也并不太重。"

李寻欢冷笑了一声，什么话都不说了。

龙啸云道："你劝劝他吧，我知道他只听你一个人的话。"

李寻欢冷冷道："我为何要劝他，他若不出手，我也要出手的。"

龙啸云怔了怔,也不知道该说什么了。

只见那虬髯大汉拳风虎虎,拳拳都是奋不顾身的招式,招式虽未必精妙,那一股杀气却令人心惊。

秦孝仪竟似已被逼得透不过气来。

游龙生冷笑着又道:"尊仆的这种招式,倒的确少见得很。"

李寻欢道:"哦?"

游龙生道:"他每招发出,好像都准备先挨别人一拳,这种拳法倒实在令人有些看不懂。"

李寻欢淡淡道:"其实这道理也简单得很。"

游龙生道:"哦?"

李寻欢道:"只因别人打他一拳,他根本不在乎,他若打别人一拳,那人只怕就吃不消了。"

游龙生脸色变了变,还未说话,突听一人怒吼道:"好个狗仗人势的奴才,竟敢以下犯上,待老夫来教训教训你!"

吼声中,赵正义已飞也似的赶来。

他正想向那虬髯大汉扑过去,突听李寻欢冷冷道:"若有人想以二敌一,以多欺少,在下的飞刀只好出手了!"

赵正义身形立刻顿住,一拳再也不敢击出,大怒道:"你带来的奴才以下犯上,你非但不管教他,反而还来助长他的气焰,你以为江湖中已没有公道了么?"

李寻欢淡淡道:"什么叫江湖公道?难道两个打一个

才算公道？"

赵正义厉声道："你要知道这不是比武较技，而是替你管教奴才！"

李寻欢道："他一向用不着别人管教，但赵大爷若是也想和他过过招，不妨就将秦三爷换下来，自己上去动手。"

赵正义怒道："他是什么东西，也配和我动手！"

李寻欢悠然道："他的确不是东西，他是人。"

他望着赵正义笑了笑，道："赵大爷你难道是东西么？"

赵正义脸上一阵青一阵黄，鼻子都似已气歪了。

到了这种时候，龙啸云也不能不说话了，但就在这时，只听"砰"的一震，两拳相击，秦孝仪的人已几乎被震得飞了出去，踉跄着跌倒在地。

赵正义和龙啸云双双抢过去扶起了他，虬髯大汉厉声道："还有谁想教训我的，请出手吧。"

游龙生负手冷笑道："看来今日主子非但教训不了奴才，奴才反而要教训主子了。"

只见秦孝仪喘息着在赵正义耳畔说了几句话，赵正义忽然长身而起，目光灼灼，瞪着那虬髯大汉道："想不到朋友你居然有一身江湖罕见的横练功夫，连老夫都小看了你，更难怪三爷一时不察，要被你暗算了。"

虬髯大汉冷笑道："你们若败了，就是受人暗算，我若败了，就是学艺不精，这道理我早已明白得很，你不说也罢。"

赵正义怒道："姓铁的，老夫念你是条汉子，有心保全你，你休要不知好歹。"

虬髯大汉脸色变了变，昂然道："铁某没有赵大爷保全，也活到现在了，正觉得已活得有些不耐烦，赵大爷你有什么手段，尽管使出来吧！"

赵正义瞪着他，眼睛里似已冒出火来，冷笑道："很好，很好……"

他一连说了五六句"很好"，扶起秦孝仪就走。

龙啸云抢先一步，赔笑道："各位有话好说，又何必……"

秦孝仪仰天打了个哈哈，惨笑道："我父子两人俱已栽在这里，还有什么好说的！"

龙啸云后退一步，垂下了头，不住擦汗，等他再抬起头时，秦孝仪和赵正义已走得很远了。

李寻欢长叹道："大哥，我一回来，就为你惹了这么多麻烦，我……我早知……"

龙啸云忽然大笑，道："兄弟，别说这种话，咱们弟兄几时怕过麻烦了。"

李寻欢勉强一笑，道："可是，我也知道大哥你很为难……"

龙啸云笑道："兄弟，你用不着顾忌我，无论你怎么做，我总是站在你这边的。"

李寻欢胸中一阵热血上涌，热泪几乎已将夺眶而出。

龙啸云瞧了那虬髯大汉一眼，似乎想说什么，但临时却改口道："天已快亮了，梅花盗今天晚上想必已不会再来，你们旅途劳顿，还是早些歇下来吧。"

李寻欢道："是。"

龙啸云道："我已叫人将'听竹轩'替你打扫干净了，但你若还是想住在老地方，我可以请仙儿暂时搬去和诗音一块儿住。"

李寻欢道："用不着，'听竹轩'就很好。"

龙啸云又瞧了那虬髯大汉一眼，但还是什么话都没有说，只不过面上已不禁露出了忧郁之色，显得心事重重。

风吹着竹叶，宛如浪涛。

夜半听竹，纵然很快乐的人也会觉得凄凉萧索，何况一别十余年，返来时心事已成灰的李寻欢呢？

一灯如豆，灯光下看来，他眼角的皱纹似更深了。

虬髯大汉黯然危坐，正也是心事如潮，也不知过了多久，他忽然咬了咬牙，像是下了很大的决心，嘎声道："少爷，我恐怕已不得不走了。"

李寻欢动容道："你要走？你也要走？"

虬髯大汉黯然道："我身受少爷你们父子的大恩，本来已决心以这劫后的残生来报答少爷的恩情，可是现在……"

静夜中，远处忽然传来一声马嘶。

虬髯大汉凄然笑道："赵正义他们显然已看出了我的来历，现在只怕已去通知我的仇家，我本已未将生死放在心上，倒也不怕他们，可是……"

李寻欢道："可是你却怕连累了我，是吗？"

虬髯大汉叹道:"我也知道少爷你不是怕被连累的人,可是十八年前的那段公案,其曲本在我,我怎么能让少爷你也陪着我一起受人耻骂?"

李寻欢默然半晌,长叹道:"那是你一时的无心之失,这十八年来,你受的苦已足够弥补了,他们也不能逼人太甚。"

虬髯大汉惨笑道:"少爷你虽然这么想,但别人却不会这么想,江湖中的血债,一定要用血才能洗得清的!"

他不等李寻欢说话,接着又道:"何况,我还要去看看那位梅二先生,他负伤后一怒而去,是否能走得远,还说不定,无论如何,他们是冲着我们才来的。"

李寻欢沉默了很久很久,才黯然问道:"你要到哪里去?"

虬髯大汉长叹道:"现在我也不知道该到哪里去,可是……"

他忽然一笑,道:"可是我绝不会走得很远的,每到风清月白的晚上,我说不定还会携酒而来,找少爷你共谋一醉。"

李寻欢霍然长身而起,道:"一言为定?"

虬髯大汉道:"一言为定!"

两人目光相对,都已不觉热泪盈眶,于是两人都扭过了头——英雄们的别离,有时竟比小儿女的分离更令人断肠,因为他们纵有满怀别绪,只是谁也不愿说出口来。

李寻欢只是淡淡道:"你要走,我也不拦你,但你总得让我送你一程。"

长街如洗，积雪昨夜已被扫在道旁。

一块块粗糙的青石板，在熹微的晨光中看来，仿佛一块块青玉，远处已有市声传来，大地已经苏醒。

但天色还是暗得很，看来今天还是不会有阳光。

这条街也静得很，虽有远处偶尔传来的鸡啼和李寻欢的咳嗽声，却还是打不开这令人窒息的静寂。

虬髯大汉忽然停下了脚步，勉强笑着道："送君千里，终有一别，少爷你……你还是回去吧。"

李寻欢又走出了几步，才缓缓停下，望着长街尽头一株孤独的枯树，痴痴地出了半天神，终于缓缓转回身，道："好，我回去，你……你多多保重。"

虬髯大汉点了点头，嘎声道："少爷你自己也多多保重了。"

他不再去望李寻欢，低着头自李寻欢身旁走过去，走出了十几步，忽又停下，转身道："少爷你若是没有别的事，还是在这里多住些时候吧，无论如何，龙大爷的确是条好汉子、好朋友。"

李寻欢仰天叹道："得友能如龙啸云，夫复何恨！"

虬髯大汉道："少爷若已决定住下，说不定我很快就会回来找少爷的。"

李寻欢笑了笑，道："也许我会住下来的，反正我也没有别的地方可去。"

他虽然在笑着，但笑得却是那么凄凉。

虬髯大汉骤然转身，咬紧牙关大步冲了出去。

天色渐明，雪意也愈来愈浓了。

死灰色的穹苍，沉重得似已将压了下来，可是虬髯大汉的心情却比这天色更灰暗，更沉重。

无论他是为了什么而逃的，总之他现在又要开始度那无穷无尽的逃亡生活了，他已和李寻欢逃亡了十年，没有人比他更清楚逃亡生活的痛苦，那就像一场噩梦，却永远没有醒来的时候。

但在那十年中，至少还有李寻欢和他在一起，他还有个人可以照顾，他的心情至少还有寄托。

而现在，他却已完全孤独。

他若是个懦夫，也许反而不会逃，因为他知道世上绝没有任何事比这种孤独的逃亡生活更痛苦。

甚至连死亡都没有。

那种绝望的孤独，实在能逼得人发疯。

但他却非逃不可，眼看李寻欢似乎又可以安定下来，他只有走，他无论忍受任何痛苦也不能连累了李寻欢。

现在，他本该静下来仔细想一想今后的去向，但他却不敢让自己静下来，他要往人最多的地方走。

他茫无目的地走着，也不知走了多远，忽然发现已到了一个菜场里，他自己也不禁觉得有些好笑。

他这一生中，也不知到过多少种地方，上至世家大族的私邸，下至贩夫走卒住的大杂院，上至千金小姐的闺阁，下至花几十枚大钱就可以住一夜的土嫖馆，最冷的地方他到过可以把人鼻子都冻掉的黑龙江，最热的地方他到过把鸡蛋放在地上就可以烤熟的吐鲁番。

他曾在泰山绝顶看过日出，也曾在无人的海滩上看过日落,他曾经被钱塘的飞潮打得全身湿透,也曾被大漠上的烈日晒得嘴唇干裂,他甚至在荒山中和还未开化的蛮人一起吃过血淋淋的生肉。

可是到菜场来,这倒还是他平生第一次经历。

在冬天的早上,世上只怕再也不会有比菜场人更多、更热闹的地方了,无论谁走到这里都再也不会觉得孤独寂寞。

这里有抱着孩子的妇人,带着拐杖的老妪,满身油腻的厨子,满头刨花油香气的俏丫头……

各式各样不同的人,都提着菜篮在他身旁挤来挤去,和卖菜的村妇、卖肉的屠夫为了一文钱争得面红耳赤。

空气里充满了鱼肉的腥气,炸油条的油烟气,大白菜的泥土气,还有鸡鸭身上发出的那种说不出的骚臭气。

没有到过菜场的人,永远也不会想到这许多种气味混合在一起时是什么味道,无论谁到了这里,用不着多久,鼻子就会麻木了。

但虬髯大汉的心情却已开朗了许多,因为,这些气味、这些声音,都是鲜明而生动的,充满了生命的活力!

——世上也许有许多不想活的人,有人跳楼,有人上吊,有人割脖子,也有人吞耗子药……

但却绝没有人会在菜场里自杀的,是不是?

在这里,虬髯大汉几乎已将江湖中那些血腥的仇杀全都忘了,他正想花两个铜板买个烟煎饼尝尝。

突听前面一人直着嗓子吼道:"卖肉卖肉,卖新鲜的肉……"

这声音刚响起来,就被一阵惊呼声打断了。

接着,前面的人都惊呼着向后面退了回来,大人们一个个脸如死灰,孩子们更是哭得上气接不了下气。

后面的人纷纷问道:"什么事?什么事这样大惊小怪的?"

从前面逃回来的人喘息着道:"有个人在卖肉。"

后面的人笑了,道:"这里至少有几十个人在卖肉,有什么好害怕的?"

前面的人喘息着气道:"但这人卖的肉却不同,他卖的是人肉!"

菜市里竟然有人卖人肉,这实在连虬髯大汉都吃了一惊,只见四面的人愈挤愈多,大家心里虽害怕,但还是想瞧个究竟——有许多女人到菜场去,本就并非完全是为了买菜,也是为了去和别人家的大姑娘小媳妇磕磕牙、聊聊天,交换交换彼此家里的秘密,瞧瞧别人的热闹。

有这种怪事发生,谁还肯走呢?

虬髯大汉皱了皱眉,分开人丛走出去。

他脸上也立刻变了颜色,看来竟似比任何人都吃惊。

在菜场里,肉案总是在比较干净的一角,那些手里拿着刀的屠夫,脸上也总是带着种高高在上的优越感。

因为他们觉得只有自己卖的才是"真货",到这里来的主顾总比那些只买青菜豆腐的人"高尚"些。

这种情况正好像"正工青衣"永远瞧不起花旦,"红倌人"永远瞧不起土娼,却忘了自己"出卖"的和别人并没有什么两样。

此刻那些平日趾高气扬的屠夫们，也已都被骇得矮了半截，一个个都缩着脖子，直着眼睛，连大气都不敢喘。

最大的一家肉案旁还悬着招牌，上面写着："黄牛白羊，现杀现卖。"

肉案后面站着个又高又大又胖的独眼妇人，手里拿着柄车轮般大小的剁骨刀，满脸都是横肉，一条刀疤自戴着黑眼罩的右眼角直划到嘴角，不笑时看来也仿佛带着三分诡秘的狞笑，看来活像是凶神下凡，哪里像是个女人。

肉案上摆着的既非黄牛，也非白羊，那是个人！

活生生的人！

这人身上的衣服已被剥光，露出了一身苍白得可怜的皮肤，一条条肋骨，不停地发着抖，用两条枯瘦的手臂抱着头，缩着颈伏在肉案上，除了皮包着骨头之外，简直连一两肉都没有。

独眼妇人左手扼住了他的脖子，右手高举着剁骨刀，独眼里凶光闪闪，充满了怨毒之意，也充满了杀机。

虬髯大汉见到了她，就好像忽然见到了个活鬼似的，面上立刻变得惨无人色，一瞬间便已汗透重衣。

独眼妇人见到了他，脸上的刀疤忽然变得血也似的赤红，狠狠瞪了他几眼，才狞笑着道："大爷可是来买肉的么？"

虬髯大汉似已呆住了，全未听到她在说什么。

独眼妇人咯咯笑道："货卖识家，我早就知道这块肥羊肉除了大爷你之外，别人绝不会买，所以我早就在这里等着大爷你来了。"

虬髯大汉这才长长叹出口气,苦笑道:"多年不见,大嫂你何苦……"

独眼妇人忽然"呸"的一声,一口痰弹丸似的飞了出去,不偏不倚,正吐在虬髯大汉的脸上。

虬髯大汉既没有闪避,也没有伸手去擦,反而垂下了头。

独眼妇人已怒吼着道:"大嫂?谁是你这卖友求荣的畜生的大嫂!你若敢再叫我一声大嫂,我就先把你舌头割下来。"

虬髯大汉脸上阵青阵白,竟不敢还嘴。

独眼妇人冷笑着道:"你出卖了翁天杰,这些年来想必已大富大贵,发了大财的人,难道连几斤肉都舍不得买吗?"

她忽然一把揪起了肉案上那人的头发,狞笑道:"你若不买,我只好将他剁了喂狗!"

虬髯大汉抬头瞧了一眼,失声道:"梅二先生,是你?"

肉案上那人似已骇得完全麻木,只是直着眼发呆,口水不停地沿着嘴角往下流,哪里还说得出话来。

虬髯大汉见到他如此模样,心里也不禁为之惨然,嗄声道:"梅二先生,你怎地落到……"

独眼妇人怒喝道:"废话少说,我只问你是买,还是不买?"

虬髯大汉长长吸了口气,苦笑道:"却不知你要如何卖法？"

独眼妇人道："这就要看你买多少了，一斤有一斤的价钱，十斤有十斤的价钱。"

她手里的剔骨刀忽然一扬，"唰"地砍下。

只听"哆"的一声，车轮般大的剔骨刀已没入了桌子一半，只要再偏半寸，梅二先生的脑袋只怕就要搬家。

独眼妇人瞪着眼一字字道："你若要买一斤，就用你的一斤肉来换，我一刀下去，保险也是一斤，绝不会短了你一分一钱！"

虬髯大汉嘎声道："我若要买他整个人呢？"

独眼妇人厉声道："你若要买他整个人，你就得跟着我走！"

虬髯大汉咬了咬牙，道："好，我跟你走！"

独眼妇人又瞪了他半响，狞笑道："你乖乖地跟着我走，就算你聪明，我找了你十七年八个月才将你找到，难道还会再让你跑了么？"

虬髯大汉仰天长叹了一声，道："我既已被你找到，也就不打算再走了！"

山麓下的坟堆旁，有间小小的木屋，也不知是哪家看坟人的住处，在这苦寒严冬中，连荒坟中的孤鬼只怕都已被冷得藏在棺材里不敢出来，看坟的人自然更不知已躲到哪里去了。

屋檐下，挂着一条条冰柱，冷风自木隙中吹进去，冷得就像是刀，在这种天气里，实在谁也无法在这屋里耽半个时辰。

但此刻,却有个人已在这屋里逗留了很久。

屋子里有个破木桌,桌上摆着个黑黝黝的坛子。

这人就盘膝坐在地上,痴痴地望着这坛子在出神。

他穿着件破棉袄,戴着顶破毡帽,腰带里插着柄斧头,屋角里还摆着半担柴,看来显然是个樵夫。

但他黑黝黝的一张脸,颧骨高耸,浓眉阔口,眼睛更是闪闪生光,看来就一点也不像樵夫了。

这时他眼睛里也充满了悲愤怨恨之色,痴痴地也不知在想什么,地上早已结了冰,他似也全不觉得冷。

过了半晌,木屋外忽然传来一阵沙沙的脚步声。

这樵夫的手立刻握住了斧柄,沉声道:"谁?"

木屋外传入了那独眼妇人沙哑而凌厉的语声,道:"是我!"

樵夫神情立刻紧张起来,嗄声道:"人是不是在城里?"

独眼妇人道:"老乌龟的消息的确可靠,我已经将人带回来了!"

樵夫耸然长身而起,拉开了门,独眼妇人已带着那虬髯大汉走了进来,两人身上都落满了雪花。

外面又在下雪了。

樵夫狠狠地瞧着虬髯大汉,目中似已冒出火来。

虬髯大汉却始终垂着头,也不说话。

过了半晌,那樵夫忽然转过身,"噗"地跪了下去,目中早已热泪盈眶,久久无法站起。

忽然间，门外又有一阵脚步声传来。

独眼妇人沉声道："什么人？"

门外一个破锣般的声音道："是老七和我。"

语声中，已有两个人推门走了进来。

这两人一个是满脸麻子的大汉，肩上担着大担的菜，另一人长得瘦瘦小小，却是个卖臭豆干的。

这两人方才也在菜场里，一直不即不离地跟在虬髯大汉身后，但虬髯大汉满腹心事，竟未留意到他们。

此刻两人也都狠狠瞪了他一眼，卖白菜的麻子一把揪住他的衣襟，一粒粒麻子都在冒火，厉声道："姓铁的，你还有什么话说？"

独眼妇人沉声道："放开他，有什么话等人来齐之后再说也不迟。"

麻子咬了咬牙，终于放开手，向桌上那黑坛子恭恭敬敬叩了三个头，目中也已不禁泪落如雨。

半个时辰之内，又陆续来了三个人，一个肩背药箱，手提虎撑，是个走江湖、卖野药的郎中。

另一个满身油腻，挑着副担子，前面是个酒坛，后面的小纱橱里装着几个粗碗、几十只鸭爪鸭膀。

还有一人却是个测字卖卜的瞎子。

这三人见到那虬髯大汉，亦是满面怒容，但也只是恭恭敬敬向桌上那黑坛子叩了三个头，谁也没有说话。

外面雪光反映，天色还很亮，屋子里却是黑黝黝的，充满了一种阴森凄惨之意。这七人盘膝坐在地上，一个个都铁青着脸，紧咬着牙，看来就像是一群鬼，刚从地狱中逃出来复仇的。

虬髯大汉亦是满面悲惨之色，垂首无话。

独眼妇人忽然道："老五，你可知道老三能不能赶得到？"

那卖酒的胖子道："一定能赶得到，我已经接到他的音讯了。"

独眼妇人皱眉道："既是如此，他为何到现在还没有来？"

那卖卜的瞎子长长叹息了一声，缓缓道："我们已等了十七年，岂在乎再多等这一时半刻。"

独眼妇人也长长叹息了一声，道："十七年，十七年……"

她一连说了七八遍，愈说声音愈悲惨。

这十七年日子显然不是好过的，那其中也不知包含了多少辛酸，多少血泪？七个人的眼睛一起瞪住虬髯大汉，目中已将喷出火来。

那卖卜的瞎子又道："这十七年来，我时时刻刻都在想重见铁某人一面，只可惜现在……"

他苍白的脸上肌肉一阵抽缩，嘎声道："他现在已变成什么模样？老四，你说给我听听好吗？"

卖野药的郎中咬了咬牙，道："看起来他还是跟十七年前差不多，只不过胡子长了些，人也胖了些。"

瞎子仰面一阵惨笑，道："好，好……姓铁的，你可知道我这十七年来，日日夜夜都在求老天保佑你身子康健，无病无痛，看来老天果然没有叫我失望。"

独眼妇人咬牙道:"他出卖了翁天杰,自然早已大富大贵,怎会像我们这样过的是连猪狗都不如的日子……"

她指着那卖酒的道:"安乐公子张老五竟会挑着担子在街上卖酒,易二哥已变成瞎子……这些事,你只怕都没有想到吧。"

樵夫冷冷道:"这些全都是他的栽培,他怎会想不到!"

虬髯大汉紧紧闭着眼睛,不敢张开,他只怕一张开眼睛,热泪就会忍不住要夺眶而出。

十七年……十七年……

这十七年来他所忍受的苦难,又有谁知道?

突听屋子外一人大呼道:"大嫂……大嫂……我有好消息……"

第十一章

天外来救星

独眼妇人听有人在屋子外面呼叫，抢了出去，皱眉道："什么事如此大惊小怪的？"

那人道："我方才见到'铁面无私'赵正义，他说那姓铁的就在……"

他一面说着话，一面已推门走了进来，说到这里，忽然怔住，因为他已发现他要找的人——就在屋子里。

独眼妇人咯咯笑道："你想不到吧！"

那人长长吐出口气，道："赵正义说他在龙啸云家里，想不到……"

他一把抓住那独眼妇人的手，道："大嫂，你们是怎会找到他的？"

独眼妇人道："这是'龙神庙'老乌龟来报的讯，说他已和李寻欢往这条路上走来了，我们一路追到这里，本还碍着李寻欢，不便妄动，谁知他竟和李寻欢分了手。"

瞎子阴恻恻笑道："这就叫天夺其魂，鬼蒙了他的眼睛！"

最后赶到的那人疾装劲服，八个人中只有他还不改江湖豪客的打扮，身后斜背柄梨花大枪，比他的人还高出半截。

此刻他仰面叹了口气，喃喃道："老天有眼，老天有眼，总算叫他落入我们'中原八义'的手里，翁大哥的血海深仇，总算……"

他语声哽咽，忽然扑倒在那黑坛子之前，放声痛哭起来，另外七个人也一起跪下泪落沾襟。

过了很久，那江湖客一跃而起，瞪着虬髯大汉道："铁传甲，你还认得我么？"

铁传甲点了点头黯然道："你好……"

那江湖客厉声道："我当然很好，边浩平生不做亏心事，也用不着躲躲藏藏的不敢见人，日子至少总比你过得开心些！"

麻子怒道："三哥，你还跟他啰唆什么？快开了他的胸膛，掏出他的心来祭大哥在天之灵，不就完了么？"

边浩沉着脸道："老七，你这话就不对了，我们兄弟要杀人，总要杀得光明正大，不但要叫天下人无话可说，也要叫对方口服心服。"

瞎子悠然道："不错，我们既已等了十七年，又岂在乎多等一时半刻。"

他将这句话又说了一遍，别人也就不能再说什么了。

独眼妇人道："那么老三，你的意思还想怎么样呢？"

边浩道："我们不但要先将话问清楚，还要找个外人来主持公道，若是人人都说铁某人该杀，那时再杀他也不迟。"

麻子跳了起来，大吼道："还要问个鸟，我就不信还有人会说他做的事不该杀！"

瞎子冷冷道："既然没有人会说他不该杀，问问又有何妨？"

麻子咬了咬牙，嘎声道："你……你想找谁来主持公道？"

边浩道："我们找的人非但要绝对大公无私，而且还要和'中原八义'及铁传甲双方都全无关系。"

独眼妇人皱眉道："你找的究竟是谁，快说吧。"

边浩道："第一位就是'铁面无私'赵正义，此人可称是……"

铁传甲忽然惨笑道："你们用不着麻烦了，快杀了我就是！我自问昔年确有对不起翁天杰之处，如今死而无怨！"

独眼妇人冷笑道："听他的口气，好像对赵正义还有所不满……"

瞎子淡淡道："赵正义既然曾找过老三报告他的行踪，自然和他有些过节，又怎会为他主持公道？"

边浩道："纵然如此也无妨，除了赵正义之外，我还找了两个人。"

瞎子道："哦？"

边浩道："这两人一个是在'大观楼'说铁板快书的老先生，可说此道第一名家，却和江湖中人全无关系，另一个是初出江湖的少年……"

独眼妇人道:"初出江湖的毛头小伙子,懂得什么?"

边浩道:"此人虽然初出江湖,但性格刚强,一介不取,可说是条铁铮铮的汉子,我和他相识虽才两天,但确信他绝不是油滑的小人!"

独眼妇人冷笑道:"相识方两天,就能看得出他是不是好人了么?看来你这么喜欢乱交朋友的脾气,竟到今天还未改。"

她忽然怒吼着道:"昔年若不是你将这姓铁的带回来,说他是好人,我们又怎会和他交朋友,翁天杰又怎会死在他手里?!"

边浩垂下了头,也不敢说话了。

瞎子却道:"无论如何,找几个人来做公证,这主意总是不错的,'中原八义'总不能胡乱杀人。"

他笑了笑,又道:"何必,老三既然已将人家请来了,我们总不能让人家站在雪地里喝西北风吧。"

独眼妇人动容道:"人已经来了?"

边浩苦笑道:"我本来是想将他们一起请到龙啸云那里去,当着大家的面,将此事作一了断的,不想大嫂已将铁某找来了。"

独眼妇人默然半晌,霍地拉开了门,大声道:"三位既已来了,就请进来吧。"

铁传甲抱定主意,再也不肯睁开眼睛,此情此景,他实在不愿再看那"铁面无私"赵正义一眼。

他已抱定主意什么都不看,什么都不说。

只听脚步声响，果然有两个人走了进来。

第一人的脚步沉稳，下盘显然很有功夫，"南拳北腿"，赵正义乃是北方豪杰，功夫大半都在两条腿上。

第二人的脚步很重，却很浮，走进来时，还在轻轻喘着气，这人身上就算有武功，也好不到哪里去。

铁传甲并没有听到第三个人的脚步声。

来的难道只有两个人？

难道第三个人走路时居然连一点脚步声都没有？

那瞎子似乎站了起来，传声道："为了在下兄弟昔年的一点恩怨，无端劳动三位的大驾，已是不该，又害得三位在风雪中枯候多时，更是该死，但请三位恕罪。"

他说话的声音永远不急不慢，冷冷淡淡，谁也听不出他说的是真心话，还是意存讥讽。

只听得赵正义的声音道："我辈为了江湖公道，两肋插刀也在所不辞，易二先生何必客气。"

这人只要一开口，就是冠冕堂皇的话，但这种话铁传甲早已听腻了，简直想作呕。

又听到一个很苍老，却又很清朗的声音道："老朽虽只不过是个说书的，但平日说的也是江湖侠士们风光霁月的行径，心里更久已仰慕得很，今日承蒙各位看得起，能到这里来，是三生有幸。"

瞎子冷冷道："只望阁下回去后，能将这件事的是非曲直，向天下人原原本本地说出来，我兄弟就得益匪浅了。"

那说书的赔笑道："这一点老朽更是义不容辞，老朽必定会将今日所见，一点不漏地说出来，边三爷找老朽来参与此事，也就是这意思。"

铁传甲这才知道边浩找这人来的用意，他也不禁在暗中佩服边浩办事之周密，什么事都想到了。

突听独眼妇人道："不知这位朋友贵姓大名？能否见告？"

这句话显然是对第三个人说的。

但第三个人并没有开腔，边浩却道："这位朋友素来不愿别人知道他的姓名……"

瞎子冷冷道："他的姓名和这件事并没有关系，他不愿说，我们也不必问，可是我们这些人的姓名，他却不能不知道。"

边浩立刻就道："我们本有八兄弟，昔年承江湖抬爱，把我们叫作'中原八义'，其实这也不过是朋友的抬爱……"

瞎子忽又截口道："这并不是朋友们的抬爱，我兄弟武功虽不出众，貌更不惊人，但平生做的事，莫不以义气为先，绝没有见不得人的。"

赵正义大声道："中原八义，义薄云天，江湖中谁人不知，哪个不晓。"

那说书的也拍手道："中原八义，好响亮的名字，这位老先生想必就是大义士了。"

瞎子道："我是老二，叫易明湖，昔日人称'神目如电'，可是现在……"

他惨笑了几声，嘎声道："现在我的名字叫'有眼无珠'，你记住了吧。"

说书的赔笑道："在下怎会忘记？"

卖野药的郎中道："我三哥'宝马神枪'边浩你已见过了，我行四，叫金风白。"

说书的道："听阁下的口音，好像是南阳府的人。"

金风白道："正是。"

说书的道："南阳府'一帖堂'金家药铺是几十年的老字号，老朽小时也曾吃过'一帖堂'的驱虫散，不知阁下……"

金风白惨笑道："连'万牲园'的少东都已在卖鸭脚，还提什么'一帖堂'呢？"

说书的失声道："万牲园？莫非张老善人的公子也在这里？"

金风白道："嗯。"

说书的道："是哪一位？"

那卖酒的道："就是我这卖鸭脚的。"

说书的长长吸了口气，似乎不胜惊讶，又不胜感慨。

卖酒的道："我叫张承勋，砍柴的樵夫是我六弟，他这把斧头现在虽只劈劈柴，但以前却能'立劈华山'……"

麻子抢着道："我是老七，叫公孙雨，因为我的麻子比雨点还密。"

卖臭豆干的道："我是老八，叫'赴汤踏火'西门烈，现在果然是一头挑油汤，一头挑烈火，卖的却是臭豆腐干。"

说书的道:"不知大义士在哪里?"

公孙雨道:"我大哥'义薄云天'翁天杰已被人害死,这是我大嫂……"

独眼妇人道:"我的名字可不好听,叫'女屠户'翁大娘,但你还是好好记着。"

说书的赔笑道:"老朽虽已年老昏庸,但自信记性还不错。"

翁大娘道:"我们要你将名字记住,并不是为了要靠你来扬名立传,而是要借你的嘴,将我们的血海深仇说出来,让江湖中人,也好知道其中真相。"

说书的道:"血海深仇?莫非翁大义士……"

公孙雨厉声道:"这人叫'铁甲金刚'铁传甲,害死我大哥的就是他!"

金风白道:"我兄弟八人情如手足,虽然每人都有自己的事,但每年中秋时都要到大哥的庄子里去住上几个月。"

张承勋道:"我兄弟八人本来已经够热闹了,所以一向没有再找别的朋友,那一年三哥却带了个人回来,还说这人是个好朋友。"

公孙雨恨恨道:"这人就是忘恩负义、卖友求荣的铁传甲!"

金风白道:"我大哥本就是个要朋友不要命的人,见到这姓铁的看来还像是条汉子,也就拿他当自己朋友一般看待,谁知……他却不是人,是个畜生!"

张承勋道:"过完年后我们都散了,大哥却硬要留他多住两个月,谁知他竟在暗中勾结了我大哥的一些死对头,半夜里闯来行凶,杀了我大哥,烧了翁家庄,我大嫂虽然侥幸没有死,但也受了重伤。"

翁大娘嘶声道:"你们看见我脸上这刀疤没有?这一刀几乎将我脑袋砍成两半,若不是他们以为我死了,我也难逃毒手!"

公孙雨吼道:"那时翁家庄的人全都死尽死绝,就没有人知道是谁下的毒手了,你倒说,这人的心黑不黑?手辣不辣?"

金风白道:"我兄弟知道了这件事后,立刻抛下了一切,发誓要找到这厮为大哥报仇,今日总算皇天有眼……皇天有眼……"

翁大娘厉声道:"现在我们已将这件事的始末说了出来,三位看这姓铁的是该杀?还是不该杀?"

赵正义沉声道:"此事若不假,纵然将铁传甲千刀万剐,也不为过。"

公孙雨跳了起来,怒吼道:"此事当然是真的,一字不假,不信你们就问问他自己吧!"

铁传甲紧咬着牙关,嘎声道:"我早已说过的,确愧对翁大哥,死而无怨。"

公孙雨大呼道:"你们听见没有……你们听见没有……这是他自己说的!"

赵正义厉声道:"他自己既已招认,别人还有什么好说的!"

那说书的叹道:"老朽也讲过三国,说过岳传,但像这种心黑手辣、不忠不义的人,只怕连曹操和秦桧还望尘莫及。"

在说书的人心目中,秦桧和曹操之奸恶,本已是无人能及的了,虽然古往今来,世上比他们更奸恶的人还不知有多少。

翁大娘道:"既是如此,三位都认为铁传甲是该杀的了!"

说书的道:"该杀!"

赵正义道:"何止该杀,简直该将他乱刀分尸,以谢江湖!"

突听一人道:"你口口声声不离'江湖',难道你一个人就代表江湖么?"

这声音简短而有力,每个字都像刀一样,又冷,又快……

在这屋子里,他至今才第一次说话,显然他就是那走路像野兽一般,可以不发出丝毫声音来的"第三个人"了!

铁传甲心里一跳,忽然发现这声音很熟悉。

他忍不住张开眼来,就发现坐在赵正义和一个青衫老者中间的,赫然就是那孤独而冷漠的少年阿飞!

"飞少爷?你怎会到了这里?"

铁传甲几乎忍不住要惊呼出声来,但他却只是更用力地咬紧了牙关,没有说出一个字。

赵正义却已变色道:"朋友,你难道认为这种人不该杀么?"

阿飞冷冷道:"我若认为他不该杀,你们就要将我也一起杀了,是不是?"

公孙雨大怒道:"放你妈的屁!"

阿飞道:"我妈放屁,你妈也放屁,人人都难免要放屁,这又有什么好说的。"

公孙雨怔了怔,反而说不出话来了,他们真未见过这么样说话的人,却不知阿飞初入红尘,对这些骂人的话根本就不大懂。

易明湖缓缓道:"我们将朋友请来,就是为了要朋友你主持公道,只要你说出此人为何不该杀,而且说得有理,我们立刻放了他也无妨。"

赵正义厉声道:"我看他只不过是无理取闹而已,各位何必将他的话放在心上。"

阿飞望着他,缓缓道:"你说别人卖友求荣,你自己岂非也出卖过几百个朋友,那天翁家庄杀人的,你岂非也是其中之一,只不过翁大娘没有见到你!"

中原八义都吃了一惊,失声道:"真有此事?"

阿飞道:"他要杀这姓铁的,只不过是要杀人灭口而已!"

赵正义本来还在冷笑着假作不屑状,此刻也不禁发急了,大怒道:"放你妈……"

他急怒之下,几乎也要和公孙雨一样骂起粗话来,但"屁"字到了嘴边,忽然想起这句话骂出来并没有效。

何况破口大骂也未免失了他堂堂"大侠"的身份,当下仰天打了个哈哈,冷笑着说道:"想不到你年纪轻轻,也学会了血口喷人,好在你这片面之词,没有人相信!"

阿飞道:"片面之词?你们的片面之词,为何就要别人相信呢?"

赵正义道:"铁某自己都已承认,你难道没有听见?"

阿飞道:"我听见了!"

这四个字未说完,他腰畔的剑已抵住了赵正义的咽喉!

赵正义身经百战,本不是容易对付的人,但这次也不知怎地,竟未看出这少年是如何拔的剑!

他只觉眼前一花,剑尖已到了自己咽喉,他既无法闪避,更连动都不敢动,嘎声道:"你……你想怎样?"

阿飞道:"我只问你,那天到翁家庄去杀人,你是不是也有一份?"

赵正义怒道:"你……你疯了。"

阿飞缓缓道:"你若再不承认,我就杀了你!"

这句话他说得平平淡淡,就好像是在说笑似的,但他那双漆黑、深邃的眸子里,却闪动着一种令人不敢不信的光芒!

赵正义满脸大汗黄豆般滚了下来,颤声道:"我……我……"

阿飞道:"你这次回答最好小心些,千万莫要说错了一个字。"

阿飞腰带上插着的那柄剑,人人都早已看见了,人人都觉得有些好笑,但现在,却没有人再觉得好笑了。

只见赵正义脸如死灰,几乎快气晕了过去,中原八义纵有相救之心,此时也不敢出手的。

在这么一柄快剑之下,有谁能救得了人?何况他们也想等个水落石出,他们也不敢确定赵正义那天有没有到翁家庄去杀人放火。

阿飞缓缓道:"我最后再问你一次,这是最后一次了!绝不会再有第二次……我问你,翁天杰是不是你害死的?"

赵正义望着他那双漆黑得看不到底的眸子,只觉自己的骨髓都已冰冷,竟不由自主地颤声道:"是……"

这"是"字自他嘴里说出来,中原八义俱都悚然变色。

公孙雨第一个跳了起来,怒骂道:"你这狗娘养的,做了这种事,居然还有脸到这里来充好人。"

阿飞忽然一笑,淡淡道:"各位不必生气,翁天杰之死,和他并没有丝毫关系。"

中原八义又都怔住了。

公孙雨道:"但……但他自己明明承认……"

阿飞道:"他只不过说明了一件事,那就是一个人在被逼时说出来的话,根本就算不得数的。"

赵正义脸色由白转红,中原八义的脸色都由红转白,纷纷怒喝道:"我们几时逼过他?"

"你难道还认为这是屈打成招么?"

"他若有委屈,自己为何不说出来?"

几个人抢着说话,说的话反而听不清了。

纷乱中，只听易明湖缓缓道："铁传甲你若认为我兄弟冤枉了你，此刻正好向我兄弟解释！"

这话声虽缓慢，但一个字一个字说出来，竟将所有的怒喝声全都压了下去，此人双目虽盲，但内力之深，原都远在别人之上。

公孙雨一步窜到铁传甲面前，厉声道："不错，你有话尽管说吧，绝不会有人塞住你的嘴。"

铁传甲紧咬着牙关，满面俱是痛苦之色。

翁大娘道："你若是无话可说，就表示自己招认了，咱们可没有用刀逼着你。"

铁传甲长长叹息了一声，黯然道："飞少爷，我实在无话可说，只好辜负你一番好意了。"

公孙雨跳了起来，瞪着阿飞道："你听见了么，连他自己都无话可说，你还有什么好说的？"

阿飞道："无论他说不说话，我都不相信他会是卖友求荣的人。"

公孙雨怒吼道："事实俱在，你不信也得信！"

翁大娘冷笑道："他不信就算了，咱们何必一定要他相信？"

金风白道："不错，这件事根本和他没有关系。"

阿飞道："我既已来了，这件事就和我有关系了。"

公孙雨大怒道："和你他妈的有什么鸟关系？"

阿飞道："我若不信，就不许你们伤他。"

翁大娘怒道："你算哪棵葱，敢来管咱们的闲事？"

那樵夫大吼道："老子偏偏要伤了他，看你小子怎么样？"

这人说话最少，动手却最快，话犹未了，一柄斧头已向铁传甲当头砍了下去，风声虎虎，"立劈华山"。

他昔年号称"立劈华山"，这一招乃是他的成名之作，力道自然非同小可，连易明湖的胡子都被他斧上风声带得卷了起来，铁传甲木头人般坐在那里，纵有一身铁布衫的功夫，眼见也要被这一斧劈成两半。

要知"铁布衫"的功夫虽然号称"刀枪不入"，其实只不过能挡得住寻常刀剑之一击而已，而且还要预知对方一刀砍在哪里，先将气力凝聚，若是遇有真正高手，就算真是个铁人也要被打扁，何况他究竟还是血肉之躯。这种功夫在江湖中已渐将绝迹，就因为练成了也没有什么太大的作用，所以根本没有人肯练。否则就凭他已可制住那"梅花盗"，又何必再找金丝甲呢？

那说书的惊呼一声，只道他立刻就要血溅五步。

谁知就在这时，突见剑光一闪，"噗"的一声，好好的一把大斧竟然断成两截，斧头"当"地跌在铁传甲面前。

原来这一剑后发而先至，剑尖在斧柄上一点，木头做的斧柄就断了，那樵夫一斧已抡圆，此刻手上骤然脱力，但闻"喀喇、喀喇、喀喇"三声响，肩头、手肘、腕子，三处的关节一起脱了臼，身子往前一栽，不偏不倚往那柄剑的剑尖上栽了过去，竟生像要将脖子送去给别人割似的。

这变化虽快，但"中原八义"究竟都不是饭桶，每个人都瞧得清清楚楚，大家都不禁为之面色惨变，一声惊呼尚未出口，只见阿飞手里的剑一偏，手着剑脊托着了那樵夫的下巴。

那樵夫仰天一个筋斗摔出，人也疼得晕了过去。

方才阿飞一剑制住了赵正义，别人还当他是骤出不意，有些侥幸，现在这一剑使出，大家才真的被骇得发呆了。

"中原八义"闯荡江湖，无论在什么样的高人强敌面前都没有含糊过，但这少年的剑法，却将他们全震住了。

他们几乎不信世上有这么快的剑！

剑尖离开赵正义咽喉时，赵正义的铁拳本已向阿飞背后打了过去，但见到阿飞这一剑之威，他拳头刚沾到阿飞的衣服就硬生生顿住——这少年武功实在太惊人，怎会将背后空门全卖给别人。

赵正义实在不敢想象自己这一拳击下时会引出对方多么厉害的后着，他这一拳实在不敢击下！

阿飞却已若无其事地拉起了铁传甲的手，道："走吧，我们喝酒去。"

铁传甲竟身不由主地被他拉了起来。

公孙雨、金风白、边浩三个人同时拦住了他们的去路。

金风白嘶声道："朋友现在就想走了么！只怕没这么容易吧？"

阿飞淡淡道："你还要我怎么样？一定要我杀了你么？"

金风白瞪着他的眼睛，也不知怎的，只觉身上有些发凉，他平生和人也不知拼过多少次命了，但这种现象还只不过是第二次发生，第一次是在他十四岁的时候，打猎时迷了路，半夜遇着一群饿狼。

他宁可再遇着那群饿狼，也不愿对着这少年的剑锋。

易明湖忽然长长叹了口气，道："让他走吧。"

翁大娘嘶声道："怎么能让他走？我们这么多年的心血难道就算……"

易明湖冷冷道："就算喂了狗吧。"

他脸色仍然是那么阴森森、冷冷淡淡的，既不愤怒，也不激动，只是向阿飞拱了拱手，道："阁下请吧，江湖中本来就是这么回事，谁的刀快，谁就有理！"

阿飞道："多承指教，这句话我一定不会忘记的。"

大家眼见他拉着铁传甲大步走了出去，有的咬牙切齿，有的连连跺脚，有的已忍不住热泪盈眶。

翁大娘早已忍不住放声痛哭起来，跺着脚道："你怎么能放走，怎么能放他走？"

易明湖却面无表情，缓缓道："你要怎么样？难道真要他将我们全都杀了么？"

边浩黯然道："二哥说得不错，留得青山在，不怕没柴烧，只要我们活着，总有复仇的机会。"

翁大娘忽然扑过去，揪住他的衣襟，嘶声道："你还有脸说话？这又是你带回来的朋友，又是你……"

边浩惨笑道："不错，他是我带回来的，我好歹要对大嫂有个交代。"

只听"嘶"的一声,一片衣襟被扯了下来,他的人已转身冲了出去,翁大娘怔了怔,失声道:"老三,你先回来……"

但她追出去时,边浩已走得连影子都瞧不见了。

易明湖叹了口气,喃喃道:"让他走吧,但愿他能将他那老友找来。"

金风白眼睛一亮,动容道:"二哥说的莫非是……"

易明湖道:"你既然知道是谁,何必再问!"

金风白的眼睛里发出了光,喃喃道:"三哥若真能将那人找出来,这小子的剑再快也没有用了。"

赵正义忽然笑了笑,道:"其实边三侠根本用不着去找别人的。"

金风白道:"哦?"

赵正义沉声道:"明后两日,本有三位高人要到这里来,那少年纵然有三头六臂,我也要叫他三个脑袋都搬家!"

金风白道:"是哪三位?"

赵正义缓缓道:"各位听了那三位的名字,只怕要吓一跳……"

第十二章

同是断肠人

虽然是正午,天色却阴沉得有如黄昏。

阿飞不紧不慢地走着,就和铁传甲第一次看到他时完全一样,看来是那么孤独,又那么疲倦。

但铁传甲现在已知道,只要一遇到危险,这疲倦的少年立刻就会振作起来,变得鹰一般敏锐、矫健。

铁传甲走在他身畔,心里也不知有多少话想说,却又不知该如何说起,李寻欢也并不是个多话的人,和李寻欢在一起生活了十几年,他已学会了用沉默来代替语言,他只说了两个字:"多谢。"

但他立刻发现连这两个字也是多余的,因为他知道阿飞也和李寻欢一样,在他们这种人面前,你永远不必说"谢"字。

道旁有个小小的六角亭,在春秋祭日,这里想必是扫墓的人歇脚的地方,现在亭子里却只有积雪,阿飞走过去,忽然道:"你为什么不肯将心里的冤屈说出来?"

铁传甲沉默了很久,长长叹了口气,道:"有些话我宁死也不能说的。"

阿飞道："你是个好朋友，但你们却弄错了一件事。"

铁传甲道："哦？"

阿飞道："你们都以为性命是自己的，每个人都有权死！"

铁传甲道："这难道错了？"

阿飞道："当然错了！"

他霍然转过身，瞪着铁传甲，道："一个人生下来，并不是为了要死的！"

铁传甲道："可是，一个人若是到了非死不可的时候……"

阿飞道："就算到了非死不可的时候，也要奋斗求生！"

他仰视着辽阔的穹苍，缓缓接着道："老天怕你渴，就给你水喝；怕你饿，就生出果实粮食让你充饥；怕你冷，就生出棉麻让你御寒。"

他瞪着铁传甲，厉声道："老天为你做的事可真不少，你为老天做过什么？"

铁传甲怔了怔垂首道："什么也没有。"

阿飞道："你的父母养育了你，所费的心血更大，你又为他们做过什么？"

铁传甲头垂得更低。

阿飞道："你只知道有些话是不能说的，若是说出来就对不起朋友，可是你若就这样死了，又怎么对得起你的父母，怎么对得起老天？"

铁传甲紧握着双拳，掌心已不禁沁出了冷汗。

这少年说的话虽简单，其中却包含着最高深的哲理，铁传甲忽然发现他有时虽显得不大懂事，但思想之尖锐，头脑之清楚，几乎连李寻欢也比不上他，对一些世俗的小事，他也一点不通，因为他根本不屑去注意那些事。

阿飞一字字道："人生下来，就是为了要活着，没有人有权自己去送死！"

铁传甲满头大汗涔涔而落，垂首道："我错了，我错了……"

他忽然像是下了很大的决心，抬起头道："我不愿说出那件事其中的曲折，只因……"

阿飞打断了他的话，道："我信任你，你用不着向我解释。"

铁传甲忍不住问道："但你又怎能断定我不是卖友求荣的人呢？"

阿飞淡淡道："我不会看错的。"

他眼睛闪着光，充满了自信，接着又道："这也许因为我是在原野中长大的，在原野中长大的人，都会和野兽一样，天生就有分辨善恶的本能。"

在李寻欢的感觉中，天下若还有件事比"不喝酒"更难受，那就是"和讨厌的人在一起喝酒"。

他发现在"兴云庄"里的人，实在一个比一个讨厌，比起来游龙生还是其中最好的一个，因为他至少不拍马屁。

讨厌的人若又拍马屁,那简直令人汗毛直竖。

李寻欢只有装病。

龙啸云自然很了解他的脾气,并没有勉强他,于是李寻欢就一个人躺在床上,静静地等着天黑。

他知道今天晚上一定也会发生很多有趣的事。

风吹竹叶如轻涛拍岸。

屋顶上有个蜘蛛正开始结网,人岂非也和蜘蛛一样?世上每个人都在结网,然后将自己网在中央。

李寻欢也有他的网,他这一生却再也休想自网中逃出来,因为这网本来就是他自己结的。

想起今天晚上和林仙儿的约会,他眼睛里不禁闪出了光,但想起铁传甲,他目光又不禁黯淡下来。

天终于黑了。

李寻欢刚坐起,忽然听到雪地上有一阵轻微的脚步声向这边走了过来,于是他立刻又躺下。

他刚躺下,脚步声已到了窗外。

李寻欢忍耐着,没有问他是谁,这人居然也不进来,显然来的绝不是龙啸云,若是龙啸云就绝不会在窗外逡巡。

那么来的是谁?

诗音?

李寻欢热血一下子全都冲上了头顶,全身都几乎忍不住要发起抖来,但这时窗外已有人在轻轻咳嗽。

接着一人道:"李兄睡了么?"

这是"藏剑山庄"游少庄主的声音。

李寻欢长长松了口气,也不知道是愉快,还是失望。

他拖着鞋子下床,拉开门,笑道:"稀客稀客,请进请进。"

游龙生走进来,坐下去,眼睛却一直没有向李寻欢瞧一眼,李寻欢燃起灯,发现他脸色在灯光下看来有些发青。

脸色发青的人,心里绝不会有好意。

李寻欢目光闪动,笑问道:"喝茶,还是喝酒?"

游龙生道:"酒。"

李寻欢笑道:"好,我屋里本就从来没有喝茶的人。"

游龙生连喝了三杯,忽然瞪着李寻欢道:"你可知道我为何要喝酒?"

李寻欢微笑道:"酒称'钓诗钩',又称'扫愁帚',但游龙生既无愁可扫,想必也无诗可钩,喝酒莫非是为了壮胆么?"

游龙生瞪着他,忽然仰面狂笑起来。

只听"锵啷"一声,他已拔出了腰畔的剑。

剑光如一泓秋水。

游龙生骤然顿住笑声,瞪着李寻欢道:"你可认得这柄剑?"

李寻欢用他纤长的手指,轻轻抚摸着剑背,喃喃道:"好剑!好剑!"

他似乎禁不得这逼人的剑气,又不住咳嗽起来。

游龙生目光闪动,沉声道:"李兄既然也是个爱剑的人,想必知道这柄剑虽然比不上'鱼肠剑上古神兵',但在武林中的名气,却绝不在鱼肠剑之下。"

李寻欢闭起眼睛,悠然道:"专诸鱼肠,武子夺情,人以剑名,剑因人传,人剑辉映,气冲斗牛。"

游龙生道:"不错,这正是三百年前,一代剑豪狄武子的'夺情剑'!但有关这柄剑的掌故,李兄也许还不知道。"

李寻欢道:"请教!"

游龙生目光凝注着剑锋,缓缓道:"狄武子爱剑成痴,孤傲绝世,直到中年时,才爱上了一位女士,两人本来已有婚约,谁知这位姑娘却在他们成亲的前夕,和他的好友'神刀'彭琼在暗中约会,狄武子伤心气愤之下,就用'夺情剑'杀了彭琼,从此以剑为伴,以剑为命,再也不谈婚娶之事。"

他霍然抬起头,凝注着李寻欢,道:"李兄也许会觉得这故事情节简单,毫无曲折,听来未免有些索然寡味,但这却是真人实事,绝无半分虚假。"

李寻欢笑了笑,道:"我只觉得这位狄武子剑法虽高,人却未免太小气了些,岂不闻,朋友如手足,妻子如衣履,堂堂的男子汉,岂可为了儿女之情,就伤了朋友之义!"

游龙生冷笑道:"但我却觉得这位狄武子前辈实在可称是顶天立地的大英雄,也唯有这样的英雄,用情才会如此之深,如此之专。"

李寻欢微笑道:"如此说来,阁下今夜莫非也想学学三百年前的狄武子么？"

游龙生目中突然射出了寒光，冷冷道："这就要看李兄今夜是否要学三百年前的彭神刀了！"

李寻欢叹了口气，道："月上梅梢，佳人有约，这风光是何等绮丽，阁下又何苦煮鹤焚琴，大杀风景呢？"

游龙生厉声道："如此说来，阁下今夜是非去不可的了！"

李寻欢道："若是让林姑娘那样的佳人空候月下，在下岂非成了风流罪人。"

游龙生苍白的脸骤然涨得通红，满头青筋都暴露了出来，剑锋一转，"哧"地向李寻欢脖子旁刺出去。

李寻欢却仍然面带着微笑，淡淡道："以阁下这样的剑法，要学狄武子只怕还嫌差了些。"

游龙生怒道："就这样的剑法，要杀你却已是绰绰有余的了！"

喝声中他已又刺出了十余剑！

只听剑风破空之声，又急又响，桌上的茶壶竟"啪"地被剑风震破了，壶里的茶流到桌上，又流下了地。

这十余剑实是一剑快过一剑，但李寻欢却只是站在那里，仿佛连动也没有动，这十余剑也不知怎地全都刺空了。

游龙生咬了咬牙，出剑更急。

他见到李寻欢双手空空，是想以急锐的剑法，逼得李寻欢无暇抽刀。

他畏惧的只不过是"小李飞刀"而已。

谁知李寻欢根本就没有动刀的意思，等他后面这一轮急攻又全都刺空了之后，李寻欢忽然一笑道："年纪轻轻，有这样的剑法，在一般人说来已是很难得的了，但以你的家世和师承说来，若以这样的剑法去闯荡江湖，不出三五年，你父亲和你师傅的招牌只怕就要砸在你手上了。"

在漫空剑影之中，他居然还能好整以暇地说话，游龙生又急又气，怎奈剑锋偏偏沾不到对方衣袂。

原来，剑刚要刺向李寻欢咽喉，便发现李寻欢身子在向左转，他剑锋当然立刻跟着改向左，谁知李寻欢身子根本未动，他剑势再变，还是落空，所以他这数十剑虽然剑剑都是致人死命的杀手，但到了最后一刹那时，却莫名其妙地全都变成了虚招。

游龙生咬紧牙关，一剑向李寻欢胸膛刺出，暗道："这次无论你玩什么花样，我都不上你的当了！"

只见李寻欢左肩微动，身子似将右旋。

要知高手相争，讲究的就是观人于微，"敌未动，我先动，敌将动，我已动"。游龙生乃名家之子，自然明白这道理，眼神之利，亦非常人能及。对方的动作无论多么轻微，都绝对逃不过他的眼。

但他也就因为这个缘故，所以才上了李寻欢的当，空自刺出数十剑虚招，所以这次他拿定主意，李寻欢无论怎么样动，他全都视而不见，这一剑绝不再中途变招，闪电般直刺李寻欢胸膛。

谁知这次李寻欢身子竟真的向右一转，游龙生的剑便擦着李寻欢的胸膛刺了过去,又刺空了。

等他发觉招已用老,再想变招已来不及了,只听"锵"的一声龙吟,李寻欢长而有力的手指在他剑脊上轻轻一弹。

游龙生只觉虎口一震,半边身子都发了麻,掌中剑再也把持不住,龙吟之声未绝,长剑已闪电般穿窗而出,穿入竹林,在夜色中一闪就瞧不见了。

李寻欢还是站在那里,两只脚根本未曾移动过半步。

游龙生但觉全身热血一下子全都冲上头顶,一下子全都落了下去,直落到脚底,他全身都发起冷来。

李寻欢微笑着拍了拍他肩头,淡淡道:"夺情剑非凡品,快去捡回来吧。"

游龙生跺了跺脚,转身冲出,冲到门口,又停下脚步,颤声道:"你……你若有种,就等我一年,一年后我誓复此仇。"

李寻欢道:"一年?一年只怕不够。"

他缓缓接着道:"你天资不错,剑法也不弱,只可惜心气太浮,是以出剑杂而不纯,急而不厉,而且太躁进求功,是以一旦遇着比你强的对手,你自己先就乱了,其实你若沉得住气,今日也未必不能伤我。"

游龙生眼睛一亮,还未说话,李寻欢却又已接着道:"但这'沉得住气'四个字,说来不难,做来却谈何容易,所以你若想胜我,至少要先苦练七年练气的功夫!"

游龙生面上阵青阵白,拳头捏得咯咯直响。

李寻欢一笑道:"你去吧,只要我能再活七年,只管来找我复仇就是，七年并不算长，何况君子复仇，十年也不算晚。"

天地间又恢复了静寂，竹涛仍带着幽韵。

李寻欢望着窗外的夜色，静静地伫立了许久，叹息着喃喃道："少年人，你不必恨我，其实我这是救了你，你若再和林仙儿纠缠下去，这一生只怕就算完了。"

他拂了拂衣上的尘土，正要往外走。

他知道林仙儿现在必定已在等着他，而且必定已准备好了钓钩，但他并没有丝毫畏惧，反而觉得很有趣。

鱼太大了，钓鱼的人只怕反而要被钓。

李寻欢微笑着，喃喃道："我倒想看看她钓钩上的饵是什么。"

游龙生临走的时候，已没有他平时那么高傲，那么冷漠，他忽然冲动了起来，向李寻欢嘶声道："你若真的喜欢林仙儿迟早会后悔的，她早已是我的人了，早已和我有了……有了……你何苦定要拾我的破靴子。"

但李寻欢却只是淡淡笑道："旧靴子穿起来，总比新靴子舒服合脚的。"

想起游龙生那时的表情，李寻欢就觉得又可怜，又可笑——但林仙儿真是他说的那种女孩子么？

男人追不到一个女人时，总喜欢往自己脸上贴金，说自己和那女人有了某种特别的交情，聊以泄愤，也聊以解嘲。

这是大多数男人都有的劣根性，实在很可怜，也很可笑。

李寻欢缓缓走出门,忽然发现有灯光穿林而来。

两个青衣小鬟,提着两盏青纱灯笼,正在悄悄地说,偷偷地笑,一瞧见李寻欢,就说也不说,笑也不笑了。

李寻欢反而微笑起来,道:"是林姑娘要你们来接我的?"

左面的青衣鬟年纪较大,身材较高,垂首作礼道:"是夫人叫我们来请李相公去……"

李寻欢失声道:"夫人?"

他忽然紧张起来,追问道:"是哪位夫人?"

青衣鬟忍不住抿嘴一笑,道:"我们庄主只有一位夫人。"

右面的青衣鬟抢着道:"夫人知道李相公受不了那些俗客的喧扰,是以特地在内堂准备了几样精致的小菜,请李相公去小酌叙话。"

李寻欢木立在那里,神思似已飞越过竹林,飞上了那小楼……

十年前,那小楼是他常去的地方,他记得那张铺着大理石面的桌子上,总已摆好了几样他最爱吃的小菜。

他记得用蜜炙的云腿必定是摆在淡青色的碟子里,但盛醉鸡和青莴苣的碟子,就一定要用玛瑙色的。

桌子后有道门,在夏天门上挂的是湘妃竹帘,在冬天门上的帘子大多是她自己绣的,有时也用珠串。

帘子后面,就是她的闺房。

他记得她自帘子后走出来的时候,身上总带着一种淡淡的梅香,就像是梅花的精灵,天上的仙子。

十年来，他从不敢再想这地方，他觉得自己若是想了，无论对她，对龙啸云，都是种不可宽谅的冒渎。

李寻欢茫然走着，猛抬头，又已到了小楼下。

小楼上的灯光很柔和，看来和十年前并没有什么两样，甚至连窗棂上的积雪，也都和十年前同样洁白可爱。

但十年毕竟已过去了。

这漫长的十年时光，无论谁也追不回来。

李寻欢踟蹰着，实在没有勇气踏上这小楼。

在发生过昨天的那些事之后，他猜不透她今日为何要找他到这里来，他实在有些不敢见她。

可是他又不能不上去。

无论她是为了什么找他，他都没有理由推却。

大理石的桌面上，已摆好几碟精致的下酒菜，淡青色碟子里的是蜜炙云腿，琥珀色碟子里的是白玉般的冻鸡。

李寻欢刚踏上小楼，就骤然呆住。

漫长的十年，似已在这一刹那间忽然消逝，他似已又回到十年前，望着那静垂着的珠帘，他的心忽然急剧地跳了起来，跳得就像是个正坠入初恋的少年——十年前的温柔，十年前的旧梦……

李寻欢不敢再想下去，再想下去他非但对不住龙啸云，也对不住自己，他几乎忍不住要转身逃走。

但这时珠帘内已传出她的声音，道："请坐。"

这声音仍和十年前同样柔美，但却显得那么生疏，那么冷漠，若不是桌上的那几样菜，他实难相信帘中人就是他十年前的旧友。

他只有坐下来,道:"多谢。"

珠帘掀起,一个人走了出来。

李寻欢连呼吸都几乎停止,但走出来的却是那孩子,他身上仍穿着鲜红的衣服,脸色却苍白如纸。

她仍留在帘后,只是沉声道:"莫要忘记娘方才对你说的话,快去向李大叔敬酒。"

红孩儿道:"是。"

他恭恭敬敬地斟着酒,垂着头道:"千错万错,都是侄儿的错,但求李大叔莫要记在心上,李大叔对我们龙家恩重如山,就算杀了侄儿,也是应该的。"

李寻欢的心似已绞住了,也不知该说什么,就算他明知自己绝没有做错,此刻望着这孩子苍白的脸,心里仍不禁有种犯罪的感觉。

"诗音,诗音,你找我来,难道就是为了要如此折磨我?"

这种酒他怎么喝得下去,可是他又怎能不喝?

这已不是酒,只是生命的苦杯,他活着,他就得接受。

红孩儿道:"侄儿以后虽已不能练武,但男子汉总也不能终生托庇在父母膝下,但求李大叔念在昔日之情,传授给侄儿一样防身之道,也免得侄儿日后受人欺负。"

李寻欢暗中叹了口气,手伸出来,指尖已挟着柄小刀。

林诗音已在帘后道:"李大叔从未将飞刀传人,有了这柄刀,你就有了护身符,还不快多谢李大叔。"

红孩儿果然拜倒在地，道："多谢李大叔。"

李寻欢笑了笑，暗中却叹息忖道："母亲的爱子之心，实是无微不至，但儿子对母亲又如何呢？……"

沉闷，闷得令人痛苦。

青衣鬟已带着那孩子走了，但林诗音犹在帘后，却还是不让李寻欢走。

她为何要将他留在这里？

李寻欢本不是个拘谨的人，但在这里，他忽然发觉自己已变得像个呆子般手足失措。

爱情，实在是最奇妙的，它有时令最愚笨的人变得极聪明，有时却能令最聪明的人变成呆子。

夜已深了。

林仙儿是不是还在等着他？

林诗音忽然道："你有事？"

李寻欢道："没……没有。"

林诗音默然半晌，缓缓道："你一定见过了仙儿？"

李寻欢道："见过一两次。"

林诗音道："她是个很可怜的女孩子，身世很悲苦，你若已见过她的父亲，就可以想见她的不幸了。"

"嗯。"

林诗音道："有一年我到舍身崖去许愿，见到她正准备舍身跳崖，我就救了她……你可知道她是为了什么而不惜跳崖舍身么？"

李寻欢道："不知道。"

林诗音道："她是为了她父亲的病。"

她轻轻叹息了一声,道:"那样的父亲,竟会有这样的女儿,实在令人难以相信,我不但可怜她,也很佩服她。"

李寻欢也只有叹了口气,无话可说。

林诗音道:"她不但聪明美丽,而且极有上进的心,她知道自己的出身太低,所以无论做什么事都分外努力,总怕别人瞧不起她。"

李寻欢笑了笑,道:"如今只怕再也不会有人瞧不起她了。"

林诗音道:"这也是她自己奋斗得来的,只不过她年纪毕竟太轻,心肠又太软,我总是怕她会上别人的当。"

李寻欢苦笑忖道:"她不要别人上她的当,已经谢天谢地了。"

林诗音道:"我只希望她日后能找个很好的归宿,莫要糊里糊涂被人欺骗,伤心痛苦一辈子。"

李寻欢沉默了半晌,缓缓道:"你为什么要对我说这些话?"

林诗音也沉默了半晌,缓缓道:"我为什么要对你说,你难道不明白?"

李寻欢又沉默了半晌,忽然大笑道:"我明白了,我明白了……"

他的确明白了。

林诗音将他留在这里,原来就是不愿他去赴林仙儿的约会,这约会的事,自然是游龙生告诉她的。

林诗音缓缓道:"无论如何,我们总是多年的朋友,我想求你一件事。"

李寻欢的心在发疼,却微笑道:"你要我莫要去找林仙儿?"

林诗音道:"不错。"

李寻欢长长吸了口气,道:"你……你以为我看上了她?"

林诗音道:"我不管你对她怎样,只要你答应我的要求。"

李寻欢将面前的酒一饮而尽,喃喃道:"不错,我是无药可救的浪子,我若去找她,就是害了她……"

第十三章

无妄之灾

林诗音道:"你答应了我?"

李寻欢咬了咬牙,道:"你难道不知道我一向都很喜欢害人么?"

忽然间,一只手伸出来,紧紧拉着珠帘。

这只手是如此纤柔,如此美丽,却因握得太紧,白玉般的手背上就现出了一条条淡青色的筋络。珠帘断了,珠子落在地上,仿佛一串琴音。

李寻欢望着这只手,缓缓站起来,缓缓道:"告辞了。"

林诗音的手握得更紧,颤声道:"你既已走了,为什么又要回来?我们本来生活得很平静,你……你为什么又要来扰乱我们?"

李寻欢的嘴紧闭着,但嘴角的肌肉却在不停地抽搐……

林诗音忽然自帘后嗄声道:"你害了我的孩子还不够?还要去害她?"

她的脸是那么苍白,那么美丽。

她眼波中充满了激动，又充满了痛苦。

她从来也没有在任何人面前如此失常过。

这一切，难道只不过是为了林仙儿？

李寻欢没有回头。

他不敢回头，不敢看她。

他知道他此时若是看了她一眼，恐怕就会发生一些令彼此都要痛苦终生的事，这令他连想都不敢去想……

他很快走下楼，却缓缓道："其实你根本用不着求我的，因为我根本就没有看上过她！"

林诗音望着他的背影，身子忽然软软地倒在地上。

水池已结了冻，朱栏小桥横跨在水上。

在夏日，这里满塘荷香，香沁人心，但此时此刻，这里却只有刺骨的寒风，无边的寂寞。

李寻欢痴痴地坐在小桥的石阶上，痴痴地望着结了冰的荷塘，他的心，也正和这荷塘一样。

"我既已走了，为什么还要回来……为什么还要回来……"

更鼓声响，又是三更了。

远远望去，可以看到冷香小筑中的灯光。

林仙儿还在等着他？

他明知林仙儿今夜要他去，一定有她的用意，他明知自己去了后，一定会发生许多极惊人、有趣的事。

但他还是坐在这里，远远望着那昏黄的灯光。

石阶上的积雪，寒透了他的心。

他又不停地咳嗽起来。

忽然间，冷香小筑那边似有人影一闪，向黑暗中掠了出去。

李寻欢立刻也飞身而起。

他身形之快，无可形容，但等他赶到冷香小筑那边去的时候，方才的人影早已瞧不见了，似乎已被无边的黑暗吞没。

李寻欢迟疑着："难道我看错了？"

雪光反映，他忽然发觉屋顶的积雪上赫然有个不完整的足印。

但只有这一个足印，他还是无法判断此人掠去的方向。

李寻欢掠下屋顶，窗内灯光仍亮。

他弹了弹窗子，轻唤道："林姑娘。"

屋子里没有应声。

李寻欢又唤了两声，还是听不到响应，他皱了皱眉，骤然推开窗户，只见屋子里的小桌上，也摆着几样菜，炉上还温着一壶酒。

酒香温暖了整个屋子，桌上居然也是蜜炙的火腿、白玉般的冻鸡，可是林仙儿却已不在屋里。

李寻欢一掠入窗，忽然又发现五只酒杯，连底都嵌入桌面里，骤然望去，赫然就像是一朵梅花！

梅花盗！

林仙儿难道已落入梅花盗手里？

李寻欢手按在桌上，力透掌心，五只酒杯就弹了起来。

只见五只酒杯都完整如新,桌上却已多了五个洞。

这桌子虽非石桌,但要将五只瓷杯嵌入桌面,这份内力之惊人,就连李寻欢都知道自己办不到!

梅花盗的武功果然可怕。

李寻欢手里拿着酒杯,掌心已不觉沁出了冷汗。

就在这时,突听"哧"的一声,桌上的烛光,首先被打灭,接着,急风满屋,也不知有多少暗器,从四面八方向李寻欢打了过来。风声尖锐,出手的显然都是高手,若是换别人只怕在一霎眼里就要被打成个刺猬。

但普天之下的暗器,又有哪一样能比得上"小李飞刀"!

李寻欢身子一转,两只手已接着了十七八件暗器,人已跟着飞身而起,没有被他接住的暗器,就全都自他足底打过。

屋子外这时才响起了呼喝叱咤声!

"梅花盗,你已逃不了,快出来送死吧!"

"就算你有通天的本事,我们今日也叫你死无葬身之地!"

"老实告诉你,洛阳府的田七爷今天已赶来了,还有'摩云手'公孙大侠,再加上赵大爷、龙四爷……"

纷乱中,突听一人厉声道:"莫要乱,先静下来!"

这人虽只说了七个字,但声如洪钟,七个字说出之后,四下立刻再也听不到别人的语声。

李寻欢摇了摇头,苦笑暗道:"果然是田七到了。"

只听这人又道:"朋友既已到了这里,为何不肯出来相见？"

李寻欢轻轻咳嗽了两声,粗着喉咙道:"各位既已到了这里,为何不肯进来相见?"

屋外又起了一阵惊动,纷纷道:"这小子是想诱我们入屋。"

又有人道:"敌暗我明,咱们可千万不能上他的当!"

这时又有一人的语声响起,将别人的声音全都压了下去。

这声音清亮高亢,朗声道:"梅花盗本来就是只会在暗中偷鸡摸狗之辈,哪里敢见人?"

请将不如激将,大家立刻也纷纷骂道:"偷鸡摸狗,缩头乌龟,不敢见人……"

李寻欢又好气,又好笑,大声道:"不错,梅花盗确是有些鬼鬼祟祟,但和我又有何关系?"

那清朗的语声道:"你不是梅花盗是谁?"

另一人道:"公孙大侠还问他干什么,赵大爷绝不会看错的,此人必是梅花盗无疑。"

李寻欢忽然放声大笑起来,道:"赵正义,我早就知道这都是你玩的花样!"

笑声中,他身形已燕子般掠出窗户,窗外群豪有的人呼喝着向前扑,有的人惊叫着往后退。

龙啸云大呼道:"各位莫动手,这是我的兄弟,李寻欢!"

李寻欢身形一转,已找到了赵正义,掠到他面前,微笑道："赵大爷你高明的眼力，若非在下手脚还算灵便，此刻已做了梅花盗的替死鬼了，那死得才叫冤枉。"

赵正义脸色铁青，冷冷道："三更半夜，一个人鬼鬼祟祟躲在这里，我不将他看成梅花盗却将他看成谁？我怎知阁下的病忽然好了，又偷偷溜到这里来。"

李寻欢淡淡道："我用不着偷偷溜到这里来，无论哪里，我都可光明正大地走来走去，何况，赵大爷又怎知不是此间的主人约我来的？"

赵正义冷笑道："我倒不知道阁下和林姑娘有这份交情，只不过，谁都知道林姑娘今夜是绝不会到这里来的。"

李寻欢道："哦？"

赵正义冷冷道："林姑娘为了躲避梅花盗，今天下午已搬出了冷香小筑。"

李寻欢道："纵然如此，阁下先问清楚了再下毒手也不迟。"

赵正义道："对付梅花盗这种人，只有先下手为强，等问清楚再出手，就已迟了。"

他句句话都说得合情合理，无懈可击。

李寻欢大笑道："好个先下手为强！如此说来，李某今日若死在赵大爷手上，也只能算我活该，一点也怨不得赵大爷。"

龙啸云干咳两声，赔笑道："黑夜之间，无论谁都会偶然看错的，何况……"

赵正义忽又冷冷道："何况，也许我并没有看错呢？"

李寻欢道："没有看错？难道赵大爷认为李某就是梅花盗？"

赵正义冷笑道："那也难说得很，大家只知道梅花盗轻功很高，出手很快，至于他究竟是姓张，还是姓李，就谁也不知道了。"

李寻欢悠然道："不错，李某轻功既不低，出手也不慢，梅花盗重现江湖，也正是李某再度入关的时候，李寻欢若不是梅花盗，那才是怪事一件。"

他笑了笑，瞪着赵正义缓缓道："但赵大爷既然认定了李某就是梅花盗，此刻为何还不出手？"

赵正义道："早些出手，迟些出手都无妨，有田七爷和摩云兄在这里，今日你还想走得了么？"

龙啸云脸色这才变了，强笑道："大家只不过是在开玩笑，千万不可认真，龙啸云敢以身家性命担保，李寻欢绝不是梅花盗！"

赵正义沉着脸道："这种事自然万万开不得玩笑的，你和他已有十年不见，怎能保证他？"

龙啸云涨红了脸，道："可是……可是我深知他的为人……"

一人忽然冷笑道："知人知面不知心，这句话龙四爷总该听说过吧。"

这人瘦如竹竿，面色蜡黄，看来仿佛是个病夫，但说起话来却是语声清朗，正是以"摩云十四式"名震天下的"摩云手"公孙摩云。

他背后一人始终面带着笑容,背负着双手,看来又仿佛是个养尊处优的富家翁,此刻忽然哈哈一笑,道:"不错,我田七和李探花也是数十年的交情了,但现在既然发生了这种事,我也只好将交情搁在一边。"

李寻欢淡淡道:"我朋友虽不少,但像田七爷这么有身份的朋友我却一个也没有,田七爷也用不着跟我攀交情。"

田七脸色一沉,目中立刻现出了杀机。

江湖中人人都知道田七爷翻脸无情,脸上一瞧不见笑容,立刻就要出手杀人,谁知此番他非但没有出手,而且连话都不说了。

只见公孙摩云、赵正义、田七三个人将李寻欢围在中间,三个人俱是脸色铁青,咬牙切齿。

但三人却只是瞪着李寻欢手里的刀,看来谁也没有抢先出手之意。

李寻欢连眼角也不瞧他们一眼,悠然道:"我知道三位此刻都恨不得立刻将我置之于死地,只因杀了我这梅花盗之后,非但立刻荣华富贵,美人在抱,而且还可换得个流芳百世的美名。"

赵正义板着脸道:"黄金美人,等闲事耳,我们杀你,只不过是为了要替江湖除害而已。"

李寻欢大笑道:"好光明呀,好堂皇,果然不愧为铁面无私,侠义无双!"

他轻抚着手里的刀锋,徐徐道:"但阁下为何还不出手呢?"

赵正义的目光随着他的手转来转去，也不开口了。

李寻欢道："哦，我知道了，田七爷'一条棍棒压天下，三颗铁胆镇乾坤'，赵大爷想必是在等着田七爷出手，田七爷自然也是义不容辞的了，是么？"

田七双手背负在身后，似乎根本没有听到他的话。

李寻欢道："田七爷难道也在等着公孙先生出手？嗯，不错，公孙先生'摩云十四式'矢矫变化，海内无双，自然是应该让公孙先生先出手的。"

公孙摩云就好像忽然变成了个聋子，连动都不动。

李寻欢仰天大笑道："这倒怪了，三位都想将我杀之而后快，却又都不肯出手，莫非三位都不愿抢先争功，在互相客气？"

公孙摩云等三人倒也真沉得住气，李寻欢无论如何笑骂，这三人居然还是充耳不闻。

其实三人心里早已都恨不得将李寻欢踢死，但"小李神刀，例不虚发"，李寻欢只要一刀在手，有谁敢先动？

他们三人不动，别人自然更不敢动了。

龙啸云忽然笑道："兄弟，你到现在难道还看不出他们三位只不过是在跟你开玩笑？走走走，我们还是喝杯酒去挡挡寒气吧。"

他大笑着走过去，揽住了李寻欢的肩头。

李寻欢面色骤变，失声道："大哥你……"

他想推开龙啸云，却已迟了！

就在这时，只听"呼"的一声，田七的手已自背后抽出一条四尺二寸长的金丝夹藤软棍，毒蛇般抽在李寻欢腿上。

李寻欢掌中空有独步天下，见者丧胆的"小李神刀"，但身子已被龙啸云热情的手臂揽住，这飞刀哪里还能发得出去。

但闻"啪"的一声，他两条腿已疼得跪了下去，公孙摩云出手如风，已点了他背后七处大穴。

赵正义跟着飞起一腿，将他踢得滚出两丈外。

龙啸云跳了起来，大吼道："你们怎能如此出手？快放了他！"

他狂吼着向李寻欢扑了过去。

赵正义冷冷道："纵虎容易擒虎难，放不得的。"

田七道："龙四爷，得罪了！"

公孙摩云已横身挡住了龙啸云的去路，龙啸云双拳齐出，但田七的金丝夹藤软棍已兜住了他的腿。

软棍一抖，龙啸云哪里还站得住脚，赵正义不等他身子再拿桩站稳，已在他软肋上点了一穴。

龙啸云扑地跪倒，哽声道："赵大哥，你……你怎能如此……"

赵正义沉着脸道："你我虽然义结金兰，但江湖道义却远重于兄弟之情，但愿你也能明白这道理，莫要再为这武林败类自讨苦吃了。"

龙啸云道："但他绝不是梅花盗，绝不是！"

赵正义叱道："你还要多嘴？你怎能证明他不是梅花盗？"

田七面上又露出了他那和蔼的微笑，道："连他自己都承认了,龙四爷又何苦再为他辩白?"

公孙摩云道:"龙四爷,你是有家室、有身份、有地位的人,若是被这种淫棍拖累,岂非太不值得了么?"

龙啸云嘶声道:"只要你们先放了他,无论多大的罪,龙啸云都宁愿替他承当。"

赵正义厉声道:"你愿为他承当?可是你的妻子呢?你的儿女呢?你难道也忍心眼看他们被你连累?"

龙啸云骤然一震,全身都发起抖来。

只见李寻欢双腿弯曲,扑在雪地上,正在不停地咳嗽,已咳得上气不接下气,掌中却仍紧紧握着那柄飞刀,就像是一个已将被溺死的人,手里还紧紧握着一根芦苇,全不知道这根芦苇根本救不了他!

飞刀虽仍在手,怎奈已是永远再也发不出去的了!

这一身傲骨,一生寂寞的英雄,难道竟要落得个这样的下场!

龙啸云目中不禁流下泪来,颤声道:"兄弟,全是我害了你,我对不起你,对不起你……"

黎明前的一段时候,永远是最黑暗的。就连大厅里辉煌的灯光,也都冲不破这无边无际的黑暗。

一群人聚在厅外的石阶上,正窃窃私议。

"田七爷果然了不起,你看他那一棍出手有多快,就算龙四爷不在那里挡着,我看李寻欢也躲不开。"

"何况旁边还有公孙大侠和赵大爷呢。"

"不错,难怪别人说赵大爷的两条腿可值万两黄金,你瞧他踢出去的那一腿,要多漂亮就有多漂亮。"

"常言道,南拳北腿,咱们北方的豪杰,腿法本就高强。"

"但公孙大爷的掌法又何尝弱了,若非他及时出手,李寻欢就算挨了一棍子,也未必会倒下去。"

"田七爷,赵大爷,再加上公孙大侠,嘿,李寻欢今日撞着他们三位,真是倒了楣了。"

"话虽是这么说,但若非龙四爷……"

"龙四爷又怎样?他对李寻欢还不够义气吗?"

"龙四爷可真是义气干云,李寻欢能交到他这种朋友,真是运气!"

龙啸云坐在大厅里的红木椅上,听到了这些话,心里就好像在被针刺着一样,满头汗出如雨。

只见李寻欢伏在地上,又不停地咳嗽起来。

龙啸云忍不住流泪道:"兄弟,全是我该死,你交到我这朋友,实在是……是你的不幸,你……你这一生全是被我拖累的。"

李寻欢努力忍住咳嗽,勉强笑道:"大哥,我只想要你明白一件事,若让我这一生重头再活一次,我还是会毫不考虑就交你这朋友的。"

龙啸云但觉一阵热血上涌,竟放声大哭道:"可是……若非我阻住了你出手,你又怎会……怎会……"

李寻欢柔声道:"我知道大哥你无论做什么,都是为了我好,我只有感激。"

龙啸云道:"但你为什么不告诉他们,你不是梅花盗!你为什么……为什么要……"

李寻欢笑了笑道:"生死等闲事耳,我这一生本已活够了,生有何欢?死有何惧?为什么还要在这些匹夫小人面前卑躬屈膝!"

田七一直含笑望着他们,此刻忽然抚掌笑道:"骂得好,骂得好!"

公孙摩云冷笑道:"他明白今日无论说什么,我们都不会放过他,也只好学那泼妇骂街,临死也落得个嘴上爽快了!"

李寻欢淡淡道:"不错,事已至此,我但求一死而已,但此刻李某掌中已无飞刀,各位为何还是不肯出手呢?"

公孙摩云那张枯瘦蜡黄的脸居然也不禁红了红。

赵正义却仍是脸色铁青,沉声道:"我们若是此刻就杀了你,江湖中难免会有你这样的不肖之徒,要说我们是假公济私,我们要杀你,也要杀得公公道道。"

李寻欢叹了口气,道:"赵正义,我真佩服你,你虽然满肚子男盗女娼,但说起话来却是句句仁义道德,而且居然一点也不脸红。"

田七笑道:"好,姓李的,算你有胆子,你若想快点死,我倒有个法子。"

李寻欢叹道:"我本来也想骂你几句,只不过却怕骂脏了我的嘴。"

田七听而不闻,还是微笑道:"你若肯写张悔罪书,招供你的罪行,我们现在就让你舒舒服服地一死,你也算求仁得仁,死得不冤了。"

李寻欢想也不想，立刻道："好，我说，你写……"

龙啸云失声道："兄弟，你招不得！"

李寻欢也不理他，接着道："我的罪孽实是四曲难数，罄竹难书，我假冒伪善，内心奸诈，夹私陷构，挑拨离间，趁人不备，偷施暗算，不仁不义，卑鄙无耻的事我几乎全都做尽了，但却还是大模大样，自命不凡！"

只听"啪"的一声，赵正义已反手一掌，掴在他脸上！

龙啸云大吼道："士可杀不可辱，你们不能如此折磨他！"

李寻欢却还是微笑道："无妨，他打我一巴掌，我只当被疯狗咬了一口而已。"

赵正义怒吼道："姓李的，你听着，就算我还不愿杀你，但我却有本事让你求生不得，求死不能，你信不信？"

李寻欢纵声大笑道："我若怕了你们这些卑鄙无耻、假仁假义的小人，我也枉为男子汉了！你们有什么手段，只管使出来吧！"

赵正义喝道："好！"

他一反手，已甩脱了刚穿起来的长衫。

龙啸云坐在椅上，全身直抖，颤声道："兄弟，原谅我，你是英雄，但我……我却是个懦夫，我……"

李寻欢微笑道："这怨不得大哥你，我若也有妻有子，也会和大哥同样做法的。"

这时赵正义的铁掌早已捏住了他的软骨酸筋，那痛苦简直非人所能忍受,李寻欢虽已疼得流汗,但还是神色不变,含笑而言。

站在大厅外的那些人有的已忍不住扭过头去,江湖豪杰讲究的就是"有种",李寻欢这么有种的人却实在少见。

就在这时,突听大厅外有人道:"林姑娘,你是从哪里回来的?……这位是谁?"

只见林仙儿衣衫零乱,云鬓不整,匆匆从外面走了进来。

她身旁还跟着个少年,在如此严寒的天气里,他身上只穿着件很单薄的衣衫,但背脊却仍挺得笔直,仿佛世上绝没有任何事能令他弯腰。

他的脸就像是用花岗石雕成的,倔强、冷漠、坚定,却又带着种令人难以抗拒的奇异魅力。

他身上竟背着个死尸。

阿飞!

阿飞怎会忽然来了?

李寻欢心里一阵激动,也不知是惊是喜?但他立刻扭转头,因为他不愿被阿飞看到他如此模样。

他不愿阿飞为他冒险出手。

阿飞还是看到他了。

他冷漠坚定的脸,立刻变得激动起来,大步冲了过去,赵正义并没有阻拦他,因为赵正义也已领教过这少年的剑法。

但公孙摩云却不知道,已闪身挡住了他的去路,厉声道:"你是谁?想干什么?"

阿飞道:"你是谁?你想干什么?"

公孙摩云怒道:"我想教训教训你!"

喝声中,他已出了手。

没有人拦住他。这并不奇怪,因为赵正义就唯恐他们打不起来;田七也想借别人的手,来看看这少年的武功深浅;林仙儿呢,她只是吃惊地望着李寻欢,根本没有注意到别人;至于龙啸云,他似已无心再管别人的闲事了。

奇怪的是,阿飞居然也没有闪避。

只听"砰"的一声,公孙摩云的拳头已打在阿飞胸膛上,阿飞连动都没有动,公孙摩云自己却疼得弯下腰去。

阿飞再也不瞧他一眼,自他身旁走过,走到李寻欢面前,道:"他是你的朋友?"

李寻欢微笑道:"你看我会不会有这种朋友。"

这时公孙摩云又怒吼着扑了上来,一掌拍向阿飞的背心,阿飞突然转身,只听又是"砰"的一声。

公孙摩云的身子突然飞了出去。

群豪面上全都变了颜色,谁也想不到名动江湖的"摩云手"在这少年面前,竟变得像是个稻草人般不堪一击!

只有田七却大笑道:"朋友好快的出手,当真是长江后浪推前浪,江湖英雄出少年。"

他抱拳一揖,笑道:"在下田七,不知阁下高姓大名,可愿和田七交个朋友?"

阿飞道:"我没有名字,也不愿交你这种朋友。"

别人的面色又变了,田七却仍是满面笑容,道:"少年人倒真是快人快语,只可惜交的朋友却选错了。"

阿飞道:"哦?"

田七指着李寻欢道:"他是你的朋友?"

阿飞道:"是。"

田七道:"你可知道他是谁?"

阿飞道:"知道。"

田七笑了笑,道:"你也知道他就是梅花盗?"

阿飞动容道:"梅花盗?"

田七道:"这件事说来的确令人难以相信,只不过事实俱在,谁也无法否认。"

阿飞瞪着他,锐利的目光就像是要刺入他心里。

田七只觉得身上有些凉飕飕的,勉强笑道:"阁下若不信,不妨问问他自己……"

阿飞冷冷道:"我不必问他,他绝不是梅花盗!"

田七道:"为什么?"

阿飞忽然将胁下挟着的死尸放了下来,道:"因为这才是梅花盗!"

群豪又一惊,忍不住都逡巡着围了过来。

只见这死尸又干又瘦,脸上刀疤纵横,也看不出他本来是何面貌,身上穿的是件紧身黑衣,连肋骨都凸了出来。

他紧咬着牙齿,竟是死也不肯放松,身上也瞧不见什么伤痕,只有咽喉已被刺穿了个窟窿。

田七又笑了,大笑道:"你说这死人才是真正的梅花盗!"

阿飞道:"不错。"

田七笑道:"你毕竟太年轻,以为别人也和你同样容易上当,若是大家都去弄个死人回来,就说他是梅花盗,那岂非天下大乱了么?"

阿飞腮旁的肌肉一阵颤动,道:"我从来不骗人,也从来不会上当!"

田七沉下了脸,道:"那么,你怎能证明这死人是梅花盗?"

阿飞道:"你看看他的嘴!"

田七又大笑起来,道:"我为何要看他的嘴,难道他的嘴还会动还会说话?"

别的人也跟着笑了起来,他们虽未必觉得很好笑,但田七爷既然笑得如此开心,他们又怎能不笑。

林仙儿忽然奔过来,大声道:"我知道他说的不错,这死人的确就是梅花盗。"

田七道:"哦?难道是这死人自己告诉你的?"

林仙儿道:"不错,的确是他自己告诉我的!"

她不让别人笑出来,抢着又道:"秦重死的时候,我已看出他是中了一种很恶毒的暗器,但秦重躲不开这种暗器犹有可说,为何连吴问天那样的高人也躲不开这种暗器呢?我一直想不通这道理,因为这就是梅花盗的秘密。"

田七目光闪动,道:"你现在难道已想通了么?"

林仙儿道:"不错,梅花盗的秘密就在他嘴里。"

她忽然抽出了柄小刀,用刀撬开了这死人的嘴。

这死人的嘴里,竟咬着根漆黑的钢管。

林仙儿道:"只因他跟别人说话的时候,暗器忽然自他嘴里射出来,所以别人根本没有警觉,也就无法闪避!"

田七道:"他嘴里咬着暗器钢筒,又怎能再和别人说话?"

林仙儿道:"这就是他秘密中的秘密!"

她眼波四下一转,缓缓接着道:"他并不用嘴说话,却用肚子来说话,他的嘴是用来杀人的!"

这句话听来虽很荒唐可笑,但像田七这样的老江湖,却反而一点也不觉得好笑了,因为老江湖都知道世上的确有种神秘的"腹语"术,据说是传自波斯天竺一带,本来只不过是江湖卖艺者的小技,声音听来也有些滑稽,但武功高手再加以真气控制,说出来的声音自然就不大相同了。

林仙儿道:"田七爷在和人动手之前,眼睛会瞪在什么地方呢?"

田七道:"自然是瞪住对方身上。"

林仙儿道:"身上什么地方?"

田七沉吟着道:"他的肩头,和他的手!"

林仙儿笑了笑,道:"这就对了,高手相争,谁也不会瞪在对方的嘴,只有两条狗打架时,才会瞪住对方的嘴,因为人不像狗,绝不会用嘴咬人。"

别的人又跟着笑了,像林仙儿这样的美人说出来的话,他们若是觉得不好笑,岂非显得自己不懂风趣。

谁知林仙儿却已沉下了脸,叹道:"但梅花盗却偏偏是用嘴来杀人的,就因为谁也想不到世上会有这种事,所以才会被他暗算……愈是高手,愈容易被他暗算,因为高手对敌,眼睛绝不会瞧到对方肩头以上。"

田七道:"这秘密你怎会知道的?"

林仙儿道:"我也是等他暗器发出之后才知道……"

田七微笑道:"那么,这位少年朋友难道是狗,一直在瞪着他的嘴么?"

第十四章

有口难言

林仙儿嫣然道:"田七爷难道未看出他身上穿了金丝甲?"

田七眼睛一亮,抚掌道:"不错,这就难怪摩云兄方才打人反而自己手痛了。"

林仙儿道:"今天我本来不准备到冷香小筑去的,但到了晚上,我忽然想起忘了拿件东西,但我再也想不到,一回到冷香小筑,梅花盗就出现了。"

她美丽的面靥上露出了恐惧之色,道:"严格说来,那时我并没有看到他,只觉得有个人忽然到了我身后,我想转身,他已点住了我的穴道。"

田七道:"如此说来,这人的轻功也不错!"

林仙儿叹了口气,道:"他身法简直和鬼魅一样,我糊里糊涂就被他挟在胁下,腾云驾雾般被他挟了出去,那时我已想到他就是梅花盗,就问他,想将我怎样?为何不杀我?"

田七道:"他怎么说?"

林仙儿咬着嘴唇,道:"他什么话也没有说,只是阴森森地笑。"

田七目光闪动,道:"原来他并没有告诉你他就是梅花盗。"

林仙儿道:"他用不着告诉我,那时我只想早些死了算了,但全身偏偏连一点力气都没有,就在那时候,我突然见到人影一闪已出现在我们面前。"

田七道:"来的人想必就是这位少年朋友了?"

林仙儿道:"不错,就是他。"

她瞟了阿飞一眼,目中充满了温柔感激之色,道:"他来得实在太快了,梅花盗似也吃了一惊,立刻将我抛在地上,我就听到他说:'你是不是梅花盗?'又听到梅花盗说:'是又怎样?不是又怎样?你反正已是快死的人了'……"

"他的话还未说完,就忽然有一蓬乌星自他嘴里射了出来,我又是吃惊,又是害怕,眼见着乌光全都射在这……这位公子身上,我只当他也要和别人一样,死在梅花盗手里了,谁知他竟连一点事都没有……"

"接着,我就见到剑光一闪,梅花盗就倒了下去,那一剑出手之快,我实在没法子形容得出。"

她说到这里,每个人都不禁瞪大了眼睛去瞧阿飞腰带上的那柄剑,谁也不相信这么样的一柄剑能杀得死人,能杀得死梅花盗。

田七背负着双手,也在凝视着这柄剑。

他嘴角忽又露出了微笑,道:"如此说来,阁下莫非早已等在那里了?"

阿飞道："不错。"

田七微笑道："阁下一见到他，就飞身过去挡住了他，就问他是不是梅花盗？"

阿飞道："不错。"

田七微笑道："难道阁下总是守候在暗中，一见到夜行人，就过去问他是不是梅花盗？"

阿飞道："我还没那么多工夫。"

田七微笑道："阁下若是偶尔有工夫时，偶尔见了个夜行人，会如何问他？"

阿飞道："我为何要问他？他是谁与我何关？"

田七忽然一拍巴掌，笑道："这就对了，阁下纵然要问，也只会问他是谁？譬如说，阁下方才问公孙摩云时，也只问'你是谁？'，并没有问'你是不是梅花盗？'……"

阿飞道："我明知他不是梅花盗，为何还要问他？"

田七忽然沉下脸，指着地上的死人道："那么，阁下为何要如此问这人呢？难道阁下早已知道他就是梅花盗？阁下既已知道他就是梅花盗，为何还要问？"

阿飞道："只因已有人告诉我，梅花盗这两天必定会在那附近出现。"

田七眼睛瞅着李寻欢，缓缓道："是谁告诉你的？是梅花盗自己？还是梅花盗的朋友？"

他似乎明知阿飞绝不会回答这句话，事实上，他只要问出这句话，目的便已达到，也根本不需要别人回答。

大家听了这话，眼睛不约而同在阿飞和李寻欢身上一转,心里已都认定这只不过是李寻欢和他串通好的圈套,无论阿飞再说什么,也不会有人再相信地上这人真是"梅花盗"了。

只见田七忽然转身走到一个锦衣少年面前,厉声道:"你是不是梅花盗?"

那少年吃了一惊,讷讷道:"我……我怎会是他……"

话未说完,田七忽然出手点住了他的穴道,喃喃道:"好家伙,又有个梅花盗被我捉住了。"

他转过头来一笑,悠然道:"各位只怕也想不到捉拿梅花盗竟如此容易吧。"

群豪又不禁放声大笑起来,纷纷互道:"你是不是梅花盗?"

"我看你才是梅花盗!"

"梅花盗怎地愈来愈多了?"

"抓梅花盗既然如此容易,我为何不抓一个来玩玩?"

阿飞铁青着脸,手已缓缓触及剑柄。

李寻欢忽然叹了口气,道:"兄弟,你还是走吧!"

阿飞目光闪动道:"走?"

李寻欢微笑道:"有田七爷和赵大爷这样的大侠在这里,怎肯将梅花盗让给你这初出茅庐的少年人杀死?你无论再说什么,都没有用的。"

阿飞的手紧握着剑柄,冷冷道:"我也不想再跟这种人说话了,可是我的剑……"

李寻欢道:"你就算将他们都杀了也没有用,还是没有人会承认你杀了梅花盗,这道理你难道还不明白么?"

阿飞发亮的眼睛渐渐变成灰色,缓缓道:"不错,我明白了,我明白了……"

李寻欢笑了笑道:"你若想成名,最好先明白这道理,否则你就会像我一样,迟早还是要变成梅花盗。"

阿飞道:"你的意思是说,我若成名,最好先学会听话,是么?"

李寻欢笑道:"一点也不错,只要你肯将出风头的事都让给这些大侠们,这些大侠们就会认为你'少年老成',是个'可造之材',再过个十年二十年,等到这些大侠们都进了棺材,就会轮到你成名了。"

阿飞沉默了半晌,忽然笑了笑。

这笑容看来是那么潇洒,却又是那么寂寞。

他微笑着道:"如此看来,我只怕是永远也不会成名的了。"

李寻欢道:"那倒也未尝不是好事。"

看到阿飞的微笑,李寻欢的笑容就更开朗了,他们笑得就像是正在说着世上最有趣的事。

大家正在奇怪,不知道这两人有什么毛病,谁知忽然间阿飞已到了李寻欢身旁,挽起李寻欢的手,道:"成名也罢,不成名也罢,你我今日相见,好歹总得喝杯酒去。"

李寻欢笑道:"喝酒,我从来也没有推辞过的,只不过今日……"

田七微笑着道:"今日他只怕是不能奉陪的了。"

阿飞脸色一沉，冷冷道："谁说的？"

田七微笑着挥了挥手，大厅外就立刻有两个大汉扑了进来，一人板肋虬髯，手提钢刀，厉声道："是田七爷说的，田七爷说的话，就是命令！"

另一人较高较瘦，喝道："谁若敢违抗田七爷的命令，谁就得死！"

这两人虽然一直垂手站在厅外，宛如奴仆，但此刻身形展动开来，竟是彪悍矫健，在江湖中已可算是一流身手。

喝声中，两柄钢刀已化为两道飞虹，带着凌厉的刀风，一左一右，一上一下，闪电般向阿飞劈了过去。

阿飞冷冷地瞧着他们出手，仿佛连动都没有动，但忽然间，寒光一闪，再一闪，接着就是两声惊呼，两道刀光忽然冲天飞起，"哆"的一声，同时钉入大厅的横梁上，两个大汉左手紧握着右腕，面上已疼得变了颜色，过了半响，一丝鲜血自掌缝间沁出，滴了下来。

再看阿飞的剑，仍在腰带上，谁也没有看清他是否拔出过这柄剑，但却都已看清剑尖上凝结着的一点鲜血。

好快的剑！

田七面上的笑容也凝结住了。

阿飞淡淡道："田七爷的话是命令，只可惜我的剑却听不懂任何人的命令，它只会杀人！"

两条大汉倒退几步，松开左手，只见右腕一点血痕，竟都不偏不倚，恰在两条筋络的中间，只要剑锋再偏半分，两人的筋脉便断，这条手臂也就算废了，这少年一剑出手,不但快得吓人,也准得吓人。

两人面上都不禁露出惊惧之色,又倒退了几步,忽然转身夺门而出,利剑虽不会说话,但却比世上任何人的命令都有效。

阿飞又挽起李寻欢的手,道:"走吧,喝酒去,我不信还有人敢来拦我们。"

李寻欢还未说话,龙啸云忽然嘎声道:"你要他走,为何还不解他的穴道?"

阿飞嘴角的肌肉仿佛跳了跳,在这刹那之间,李寻欢的心也跳了跳,忽然想起了那天的事——

那天,阿飞为他擒住了洪汉民,留在孙逵的厨房里,还将洪汉民反绑在椅子上。

那天,李寻欢就已在奇怪,阿飞为何不索性点住这人的穴道?现在他心念一闪,顿时恍然!

这快剑无双的少年,竟不会点穴!

李寻欢的心沉了下去,但面上却不动声色,微笑着道:"今天我请不起你喝酒。"

阿飞沉默了半响,才一字一字道:"我请你。"

李寻欢道:"不是我自己买来的酒,我也绝不喝的。"

阿飞凝注着他,冷漠的目光中忽然露出一丝痛苦之色。

他也知道李寻欢这是不愿他冒险。

因为他既不能解开李寻欢的穴道,就只有将李寻欢背出去,他若将李寻欢背在身上,就未必能冲得出去了。

田七目光闪动，在他们脸上搜索着，忽然微笑道："李寻欢是条好汉，绝不肯连累别人的，小兄弟，你还是自己走吧。"

李寻欢知道这老狐狸已看出了阿飞的弱点，立刻也微笑道："你用不着激他，他绝不会上你当的，何况，就算他将我背在身上，你们也未必是他的对手。"

他接着又道："何况，你们也知道我根本不会走的，今天我若走了，你们这些大侠岂非更咬定了我是梅花盗？"

他这话自然是说给阿飞听的。

阿飞又沉默了半晌，缓缓道："他们说你是梅花盗，你就是梅花盗了么？"

李寻欢笑道："有些人说的话，和放屁也相差无几。"

阿飞道："既然是放屁，你又何必再管他们说什么？"

他突然一俯身，将李寻欢背在背上，也就在这时，田七负着的双手忽然伸出，只见棍影点点，一出手就点向阿飞前胸十一处大穴，只要被他竹藤棍碰着一点，阿飞就再也休想出手了。

阿飞并没有拔剑。

他也和李寻欢一样，一剑刺出，绝不空回。

但此刻他的剑却已没有伤人的把握。

赵正义一直铁青着脸不言不动，此刻忽然厉喝道："对梅花盗用不着讲江湖道义，各位还不出手！"

大家望着阿飞在田七的棍影中闪动，还在犹疑着，田七的藤棍点穴虽是江湖一绝，也未能制住这少年。

赵正义道："杀死梅花盗，可是天大的光彩，这机会各位何必错过？"

这句话刚说完，已有七八件兵刃一起向阿飞背后的李寻欢劈了下去，林仙儿冲过去拉住龙啸云的手，道："四哥，你为何不拦住他们？"

龙啸云黯然道："你难道未看出我也被人点了穴道。"

就在这时，只听一连串惨呼声响起，三个人踉跄倒退。

阿飞的剑终于已出手！

他的剑此刻虽无把握能伤田七，但别人要来送死，他就不客气了，只见鲜血随着剑光飞激出去，李寻欢的貂裘上已染上了血花。

所有的兵刃立刻又全不见了，只有田七的一条藤棒仍毒蛇般缠住他们，每一招都不离阿飞的要穴。

他这条藤棍比阿飞的剑长得多，阿飞若要照顾身后的李寻欢，就无法欺身而入，既无法欺身而入，就只有招架闪避，只有挨打。

林仙儿忽然长长叹了口气，道："毕竟是赵大爷侠义无双，绝不肯以多为胜！"

赵正义目光一闪，冷冷道："只不过老夫已说过，对梅花盗这种人讲江湖道义也无用！"

他一步蹿到厅侧，自兵器架上抄了柄长枪，随手一抖,就抖起了斗大的枪花,直刺李寻欢背脊。

"铁面无私"赵正义在武林中能享大名,倒也并非全是沽名钓誉,这柄长枪一施展开来,确有摄人之处。

枪乃百兵之祖,棍乃百兵之王,何况一寸长一寸强,阿飞以一柄短剑,周旋在这两样至强至霸的兵刃间,已是吃亏不少,何况他身后还背着一个人,更何况他根本不知道对方点的是自己何处穴道。

田七以己之长,击人之短,本已占尽先机,但也不知怎地,那最后一击,总是差了一些,总是无法将对方击倒。

数十招过后,他忽然发觉这少年虽未还手,但步法之神妙,却是自己前所未见,自己每招部位力量明明都拿得恰到好处,明明已可点住对方的穴道,但这少年脚步也不知怎么一滑,自己这一招就落空了。

田七虽然见多识广,却也看不透这步法的来历,当下暗忖道:"这少年的来头必定不小,我又何苦多结冤家。"

一念至此,立刻微笑道:"小兄弟,我看你还是放下他吧,否则他未连累你,你反倒连累他了。"

林仙儿道:"不错,你还是放下他的好,我可以保证田七爷非但绝没有伤你之心,也绝不会杀了他的。"

她语声既温柔,又诚恳,充满了关切焦急之意。

阿飞咬了咬牙道:"你们既然要我放下他,自己为何不住手?"

田七一棍点出,人已退后七尺,赵正义枪已刺出,收势不及,突然掉转枪尖,向地上刺了下去。

只听"铮"的一声,火星四溅,枪尖折断,飞了出去。

阿飞连看都没有看他一眼,将李寻欢扶到椅子上坐下,只是李寻欢胸膛起伏,苍白的脸上又泛起一种凄艳的红色,显然一直在强忍着,没有咳出来,只因他生怕咳嗽会影响阿飞的出手。

阿飞只觉胸中热血上涌,咬了咬牙,缓缓道:"我错了,我只顾自己逞强,却忘了你。"

李寻欢笑了笑,道:"无论你是对是错,我都同样感激你。"

他一开口说话,就不停地咳嗽起来。

阿飞凝注着他,过了半响,缓缓转过身,面对着赵正义,道:"我只后悔一件事,上次我为何不杀了你!"

他嘴里说着话,剑已刺了出去。

这一剑之快,简直不可思议,赵正义哪里还能闪避得开,眼见就要血溅当地,谁知就在这时,突听大厅外有人口宣佛号,"阿弥陀佛"这四个字只说了一个字时,已有一股劲风带着串黑影打了进来。

说到第二个字时,劲风和黑影已将要击上阿飞的后背,阿飞剑势明明已疾出,但在这刻不容缓的刹那间,突然回剑转身。

只听"锵"的一响,剑尖挑起了黑影,竟是串佛珠。

直到这时"阿弥陀佛"这短短四个字才说完,佛珠已被剑尖挑飞,但剑尖犹在嗡嗡作响,震动不绝。

这小小一串佛珠,竟似有千钧之力。

剑仍在震动，阿飞的人却如花岗石般动也不动。

天已亮了。

熹微的晨光中，只见五个芒鞋、白袜的灰袍僧人自大厅外缓缓走了进来，当先一人须眉俱已苍白，在晨光中看来宛如银丝，但脸仍是红中透白，一双眼睛更是目光炯炯，顾盼生威。

他双手合十，那串佛珠不知怎地又回到他手上，两只手合在一起，厚如门板，显然已将佛家掌力练至炉火纯青。

赵正义惊魂初定，见到这白眉僧人，立刻躬身道："不知大师法驾光临，有失远迎，多请恕罪。"

白眉僧人只笑了笑，目光就盯在阿飞脸上，沉声道："这位檀越好快的剑。"

阿飞道："我的剑若不快，只怕就要大师来超度亡魂了。"

白眉僧人道："老僧不愿檀越多造杀孽，是以才出手，须知檀越的剑虽快，却仍快不过我佛如来的法眼。"

阿飞道："大师的佛珠难道就能快得过如来的法眼吗？我若死在大师的佛珠下，岂非也要多一重杀孽！"

赵正义厉声道："好大胆，在少林护法大师面前，你也敢如此无礼？"

白眉僧人笑了笑，道："无妨，少年的口舌本就利于刀剑，老僧倒还能承受得起。"

林仙儿忽然笑道："心眉大师既然并不怪罪，你还不快走？"

赵正义冷冷道："他方才不走,此刻想走只怕太迟了!"

阿飞道："哦,你难道还拦得住我?"

他嘴唇说着话,已大步走了出去。

赵正义面色又变了,道："大师……"

田七抢着笑道："心眉大师素来慈悲为怀,怎会难为这种无知少年,让他走吧。"

赵正义叹了口气,喃喃道："让他走容易,再要他来,只怕就很难了。"

心眉大师目光闪动,沉声道："敝派掌门师兄接到自法陀寺转去的飞鸽传书,知道本门俗家弟子秦重负了重伤,立刻就令老僧兼程赶来。"

赵正义叹了一声,瞪着李寻欢,道："只可惜大师还是来迟了一步。"

天已很亮了,街道上行人已不少,阿飞走在昨夜的积雪中,他的步履虽轻快,心情却无比沉重。

突听一人唤道："等一等……等一等……"

这声音又清脆又娇美,阿飞不用回头,已知是谁来了。

只因街道上的人都已睁大了眼睛,痴痴地望着他身后,正在走路的都停下了脚,正在说话的也忘了自己在说什么。

阿飞没有回头,但也不由自主停下了脚步。

只听一阵轻微的喘息声到了他身后,一阵醉人的香气,也已飘入他心头,他也不能不回头了。

林仙儿犹在喘息着,美丽的面靥上带着淡淡的一抹晕红,天畔虽已有朝霞初露,但朝霞也已失却了颜色。

阿飞的眼睛却仍冷漠得如同地上积雪。

林仙儿垂下了头,红着脸道:"我……我是来向你道歉的,我……"

阿飞道:"你根本没有什么好道歉的。"

林仙儿咬着嘴角,轻轻跺脚道:"但那些人实在太无聊,也太无礼。"

阿飞道:"那也与你无关。"

林仙儿道:"可是你救了我,我怎么能……"

阿飞道:"我救了你,却没有救他们,我救你,也并不是为了要你替他们来道歉的。"

林仙儿的脸更红了,她就像是撞到了一面石墙,每句话还没有说,就被冷冰冰地撞了回去。

阿飞道:"你还要说什么?"

林仙儿实在也不知该说什么了,她这一辈子从来也没有见过这样的人,她总认为就算是冰山,在她面前也会融化。

阿飞道:"再见。"

他扭头就走,但刚走了两步,林仙儿突又唤道:"等一等,我还有话说。"

阿飞这次根本连头都不回了。

林仙儿冷冷道:"我……我想问你,在什么地方可以找得到你。"

阿飞道："你不必找我。"

林仙儿眼皮转动，道："那么，李寻欢有什么不测，我该去告诉谁呢？"

阿飞骤然回过头，道："你知不知道西门外的沈家祠堂？"

林仙儿嫣然道："你莫忘了，我在这城里已住了五六年。"

阿飞道："我就住在那祠堂里，日落之前，我绝不离开。"

林仙儿："日落之后呢？"

阿飞默然半晌，仰面望天，缓缓道："你莫忘了，李寻欢是我的朋友，我的朋友并不多，像他这样的朋友更找不出第二个，他若死了，这世界就无趣极了。"

林仙儿叹了口气，幽幽道："我早就知道今夜你还会回来救他的，可是你要知道，无论多好的朋友，也没有自己的性命重要。"

阿飞霍然低下头，瞪着她，一字字道："我只希望你以后永远莫要说这种话，这次我只当没有听到！"

第十五章

情深意重

下了多天的雪,今天总算有了阳光。

但阳光并没有照进这间屋子,李寻欢也并不失望,因为他已知道,世上本就有许多地方是永远见不到阳光的。

何况,对于"失望",他也久已习惯了。

他全不知道田七、赵正义这些人要对他怎么样,他甚至连想都懒得去想,现在,田七他们已将少林寺的僧人带去见秦孝仪父子了,却将他囚禁在这阴湿的柴房里,龙啸云居然也并没有替他说什么。

但李寻欢也没有怪他。

龙啸云也有他的苦衷,何况他已根本无能为力。

现在,李寻欢只希望阿飞永远莫要再来救他,因为他已发现阿飞剑虽快,但武功却有许多奇怪的弱点,和人交手的经验更差,遇着田七、心眉大师这样的强敌,他若不能一剑得手,也许就永远无法得手!

只要再过三年,阿飞就能把他武功的弱点全弥补过来,到那时他也许就能无敌于天下。

所以他必须再多活两三年。

地上很潮湿，一阵阵寒气砭入肌骨，李寻欢又不停地咳嗽起来，他只希望能有杯酒喝。

可是，此刻连喝杯酒竟都已变成不可企求的奢望，若是换了别人，只怕难免要忍不住痛哭一场。

但李寻欢却笑了，他觉得世事的变化的确很有趣。

这地方本是属于他的，所有一切本都属于他的，而现在他却被人当作贼，被人像条狗似的锁在柴房里，这种事有谁能想得到？

门忽然开了。

难道赵正义连一刻都等不得，现在就想要他的命？

但李寻欢立刻就知道来的人不是赵正义——他闻到了一股酒香，接着，就看到一只手拿着杯酒自门缝里伸了进来。

这只手很小，手腕上露出一截红色的衣袖。

李寻欢道："小云，是你？"

酒杯缩了回去，红孩儿就笑嘻嘻地走了进来，用两只手捧着酒杯，放在鼻子下嗅着，笑道："我知道你现在一定很想喝酒，是吗？"

李寻欢笑了，道："你知道我想喝酒，所以才替我送酒来的？"

红孩儿点了点头，将酒杯送到李寻欢面前，李寻欢刚想张开嘴，他却忽又将酒杯缩了回去，笑道："你能猜得出这是什么酒，我才给你喝。"

李寻欢闭上眼睛，长长吸了口气，笑道："这是陈年的竹叶青，是我最喜欢喝的酒，我若连这种酒的味道都嗅不出，只怕就真的该死了。"

红孩儿笑道："难怪别人都说小李探花对女人和酒都是专家，这话真是一点都不错，但你若真想喝这杯酒，还得回答我一句话。"

李寻欢道："什么话？"

红孩儿脸上孩子气的笑容忽然变得很阴沉。

他瞪着李寻欢道："我问你，你和我母亲究竟是什么关系？她是不是很喜欢你？"

李寻欢的脸色立刻也变了，皱眉道："这也是你应该问的话么？"

红孩儿道："我为什么不该问，母亲的事，儿子当然有权知道。"

李寻欢怒道："你难道不明白你母亲全心全意地爱着你，你怎敢怀疑她？"

红孩儿冷笑道："你休想瞒我，什么事都瞒不住我的。"

他咬着牙，又道："她一听到你的事，就关上房门，一个人躲着偷偷地哭，我快死的时候她都没有哭得这么伤心，我问你，这是为了什么？"

李寻欢的心已绞住了，他整个人都似已变成了一团泥，正在被人用力践踏着，过了很久，他才沉重地叹了口气，道："我告诉你，你可以怀疑任何人，但绝不能怀疑你的母亲，她绝没有丝毫能被人怀疑之处，现在你快带着你的酒走吧。"

红孩儿瞪着他,道:"这杯酒我是带来给你的,怎么能带走?"

他忽然将这杯酒全都泼在李寻欢脸上。

李寻欢动都没有动,甚至也没有看他一眼,反而柔声道:"你还是个孩子,我不怪你……"

红孩儿冷笑道:"我就算不是孩子,你又能对我怎么样?"

他忽然拔出一柄刀,在李寻欢眼前扬了扬大声道:"你看清了么?这是你的刀,她说我有了你的刀,就等于有了护身符,但现在你还能保护我么?你根本连自己都无法保护自己了。"

李寻欢叹了口气,道:"不错,刀,本来是伤害人的,并不是保护人的。"

红孩儿脸色发白,嘶声道:"你害得我终身残废,现在我也要让你和我受同样的罪,你……"

突听门外一人道:"小云?是你在里面吗?"

这声音温柔而动听,但李寻欢和红孩儿一听到这声音,脸色立刻又变了,红孩儿赶紧藏起了刀,面上突然又露出了那种孩子气的笑容,道:"娘,是我在这里,我带了杯酒来给李大叔喝,娘在外面一叫,吓了我一跳,害得我把酒都泼在李大叔身上了。"

他说着话时,林诗音已出现在门口,她一双美丽的眼睛果然已有些发红,充满了悲痛,也带着些愤怒。

但等到红孩儿偎偎过去时,她目光立刻变得柔和起来,道:"李大叔现在不想喝酒,你现在却该躺在床上的，去吧。"

红孩儿道："李大叔一定受了别人冤枉，我们为何不救他？"

林诗音轻叱道："小孩子不许乱说话，快去睡。"

红孩儿回头向李寻欢一笑，道："李大叔，我走了，明天我再替你送酒来。"

李寻欢望着他脸上孩子气的笑容，手心已不觉沁出了冷汗。

只听林诗音幽幽地叹息了一声，道："我本来只担心这孩子会对你怀恨在心，现在……现在我才放心了，他有时虽然会做错事，但却并不是个坏孩子。"

李寻欢只有苦笑。

听到她充满了母爱的声音，他还能说什么？他早已知道"爱"本就是盲目的，尤其是母爱。

林诗音也没有看他，又过了很久，才缓缓道："你本来至少还是个很守信的人，现在为何变了？"

李寻欢只觉喉头似已被塞住，什么话都说不出。

林诗音道："你已答应过我绝不去找仙儿，但他们却是在仙儿的屋子里找到你的。"

李寻欢笑了——他自己也不知道自己怎么还能笑得出来，但他的确笑了，他望着自己的脚尖笑道："我记得这间屋子是十多年前才盖起来的，是不是？"

林诗音皱了皱眉，道："嗯。"

李寻欢道："但现在这屋子却已很旧了，屋角已有了裂缝，窗户也破烂了……可见十年的时光的确不短，在十年中屋子都会变破烂，何况人呢？"

林诗音紧握着双手，颤道："你……你现在难道已变成了个骗子？"

李寻欢道："我本来就是个骗子，只不过现在骗人的经验更丰富了些而已。"

林诗音咬着嘴唇，霍然扭转身，冲了出去。

李寻欢还在笑着，他的目的总算已达到。

他就是要伤害她，要她快走，为了不让别人被自己连累，他只有狠下心，来伤害这些关心他的人。

因为这些人也正是他最关心的。

当他伤害他们的时候，也等于在伤害自己，他虽然还在笑着，但他的心却已碎裂……

他紧闭着眼睛，不让眼泪流出来，等他再张开眼睛时，他就发现林诗音不知何时已回到屋子里，正在凝注着他。

李寻欢道："你……你为何还不走？"

林诗音道："我只想问清楚，你……你究竟是不是梅花盗？"

李寻欢忽然大笑起来，道："我是梅花盗？……你问我是不是梅花盗？"

林诗音颤声道："我虽然绝不信你是梅花盗，但还是要亲耳听到你自己说……"

李寻欢大笑道："你既然绝不信，为何还要问？我既然是骗子，你问了又有何用？我能骗你一次，就能骗你一百次、一千次！"

林诗音的脸色愈来愈苍白,身子也在发抖。

过了很久,她忽然跺了跺脚,道:"我放你走,不管你是不是梅花盗,我都放你走,只求你这次走后,莫要再回来了,永远莫要再回来了!"

李寻欢嗄声道:"住手!你怎么能做这种事?你以为我会像条狗似的落荒而逃?你将我看成什么人了?"

林诗音根本不理他,扳过他身子,就要解他的穴道。

就在这时,突听一人厉声道:"诗音,你想做什么?"

这是龙啸云的声音。

林诗音霍然转身,瞪着站在门口的龙啸云,一字字道:"我想做什么,你难道不知道?"

龙啸云脸色变了变,道:"可是……"

林诗音道:"可是什么?这件事本来应该你来做的!你难道忘了他对我们的恩情?你难道忘了以前的事?你难道能眼看他被人杀死?"

她身子抖得更厉害,嘶声道:"你既然不敢做这件事,只有我来做,你难道还想来拦住我?"

龙啸云紧握着双拳,忽然用拳头重重地捶打着胸膛,道:"我是不敢,我是没胆子,我是懦夫!但你为何不想想,我们怎能做这件事!我们救了他之后,别人会放过我们么?"

林诗音望着他,就好像从来也没有见过这个人似的,她缓缓往后退,缓缓道:"你变了,你也变了……你以前不是这种人的……"

龙啸云黯然道:"不错,我也许变了,因为我现在已有了妻子、孩子,我无论做什么,都要先替他们着想,我不忍让他们为了我而……"

他话未说完,林诗音已失声痛哭起来——世上绝没有任何话能比"孩子"这两字更能令慈母动心的了。

龙啸云忽然跪倒在李寻欢面前,流泪道:"兄弟,我对不起你,只求你能原谅我……"

李寻欢道:"原谅你?我根本不明白你们在说什么?我早已告诉过你,这根本不关你们的事,我若要走,自己也有法子走的,用不着你们来救我。"

他还是在望着自己的脚尖,因为他已实在不能再看他们一眼,他生怕自己会忍不住流下泪来。

龙啸云道:"兄弟,你受的委屈,我全都知道,但我可以保证,他们绝不会害死你的,你只要见到心湖大师,就会没事了。"

李寻欢皱眉道:"心湖大师?他们难道要将我送到少林寺去?"

龙啸云道:"不错,秦重虽是心湖大师的爱徒,心湖大师也绝不会胡乱冤枉好人的,何况,百晓生前辈此刻也在少林寺,他一定会为你主持公道。"

李寻欢没有说话,因为他看到田七了。

田七正在望着他微笑。

就在田七出现的那一瞬间,林诗音已恢复了镇静,向田七微微颔首,缓缓走了出去。

晚风刺骨，她走了两步，忽然道："云儿，你出来。"

红孩儿闪缩着自屋角后溜了出来，赔笑道："娘，我睡不着，所以……所以……"

林诗音道："所以你就将他们全都找到这里来了？是不是？"

红孩儿笑着奔过来，忽然发现他母亲的脸色几乎就和黎明前的寒夜一样阴沉，他停下脚步，头也垂了下来。

林诗音静静地望着他，这是她亲生的儿子，这是她的性命、她的骨血，她刚擦干的眼睛又不禁流下了两滴眼泪。

过了很久，她才黯然叹息了一声，仰面向天，喃喃道："为什么仇恨总是比恩情难以忘却……"

要忘记别人的恩情仿佛很容易，但若要忘记别人的仇恨就太困难了，所以这世上的愁苦总是多于欢乐。

铁传甲紧握着双拳，在祠堂中来来回回地走着，也不知走过多少遍了，火堆已将熄，但谁也没有去添柴木。

阿飞只是静静地坐在那里，动也不动。

铁传甲恨恨道："我早已想到就算你杀死了梅花盗，那些'大侠'们也绝不会承认的，一群野狗若是看到了肥肉，怎肯再让给别人。"

阿飞道："你劝过我，我还是要去，只因我非去不可！"

铁传甲叹道："幸好你去了，否则你只怕永远也不会了解这些大侠们的真面目。"

他忽然转过身，凝视着阿飞道："你真的没有见到我们家的少爷么？"

阿飞道："没有。"

铁传甲望着将熄的火堆，呆呆地出了会儿神，喃喃道："不知他现在怎么样了……"

阿飞道："他永远用不着别人为他担心的。"

铁传甲展颜笑道："不错，那些'大侠'们虽然将他看成肉中刺、眼中钉，但却绝没有一个人敢动他一根手指的。"

阿飞道；"嗯。"

铁传甲又兜了两个圈子，望着门外的曙色，道："天已亮了，我要动身了。"

阿飞道："好。"

铁传甲道："你要是见到我家少爷，就说，铁传甲若能将恩仇算清，一定还会回来找他的。"

阿飞道："好。"

铁传甲望着他瘦削的脸，抱拳道："那么……就此别过。"

他目中虽有依恋之意，但却头也不回地走了出去。

阿飞还是没有动，甚至没有抬头看一眼，但是他那双冷酷明亮的眸子里，却仿佛泛起了一阵潮湿的雾。

能将恩情看得比仇恨还重的人，这世上又有几个？

阿飞闭起眼睛，仿佛睡着了，眼角却已沁出了一滴泪珠，看来就像是凝结在花岗石上的一滴冷露。

他没有对铁传甲说出李寻欢的遭遇，只因他不愿见铁传甲去为李寻欢拼命，他要自己去为李寻欢拼命！

为了朋友的义气，一条命又能值几何？

祠堂的寒意愈来愈重，火也熄了，石板上似已结了霜，阿飞就坐在结霜的石板上。

他穿的衣衫虽单薄，心里却燃着一把火。

永恒不灭的火。

就因为有些人心里燃着这种火，所以世界才没有陷于黑暗，热血的男儿也不会永远寂寞。

也不知过了多久，朝阳将一个人的影子轻轻地送了进来，长长的黑影盖上了阿飞的脸。

阿飞并没有张开眼睛，只是问道："是你？有消息了么？"

这少年竟有着比野兽更灵敏的触觉，门外来的果然是林仙儿，她美丽的脸上似已因兴奋而发红，微微喘着道："是好消息。"

"好消息？"

阿飞几乎已不能相信，这世上还有好消息。

林仙儿道："他虽然暂时还不能脱身，但至少已没有危险了。"

阿飞道："哦？"

林仙儿道："因为田七他们也只得依从心眉大师的主意，决定将他送到少林寺去，少林派的掌门大师心湖和尚素来很正直，而且听说平江百晓生也在那里，这两人若还不能洗刷他的冤名，就没有别人能了。"

阿飞道:"百晓生?百晓生是什么人?"

林仙儿笑了笑,道:"这人乃是世上第一位智者,无所不知,无所不晓,而且据说只有他能分得出梅花盗的真假。"

阿飞沉默了半晌,忽然张开眼来,瞪着林仙儿道:"你可知道世上最讨厌的是哪种人么?"

林仙儿似也不敢接触他锐利的目光,眼波流转,笑道:"莫非是赵正义那样的伪君子?"

阿飞道:"伪君子虽可恨,万事通却更讨厌。"

林仙儿道:"万事通?你说的莫非是百晓生。"

阿飞道:"不错,这种人自作聪明,自命不凡,自以为什么事都知道,凭他们的一句话就能决定别人的命运,其实他们真正懂得的事又有多少?"

林仙儿道:"但别人都说……"

阿飞冷笑道:"就因为别人都说他无所不知,到后来他也只有自己骗自己,硬装成无所不知了。"

"你……你不信任他?"

阿飞道:"我宁可信任一个什么都不知道的人。"

林仙儿嫣然一笑,道:"你说话真有意思,若能时常跟你说话,我一定也会变得聪明些的。"

一个人若想别人对他有好感,最好的法子就是先让别人知道自己很喜欢他——这法子林仙儿也不知用过多少次了。

但这次她并没有用成功,因为阿飞似乎根本没有听她在说什么,他站起来走到门口,望着门外的积雪沉思了很久,才沉声问道:"他们准备什么时候动身?"

林仙儿道:"明天早上。"

阿飞道:"为什么要等到明天?"

林仙儿道:"因为今天晚上他们要设宴为心眉大师洗尘。"

阿飞霍然回首,闪闪发光的眼睛瞪着她,道:"除此之外就没别的原因了么?"

林仙儿道:"为什么一定还要有别的原因?"

阿飞道:"心眉绝不会只为了吃顿饭就耽误一天的。"

林仙儿眼珠一转,道:"他虽然并不是为了吃这顿饭而留下来的,但却非留下来吃这顿饭不可,因为今天的晚筵上还有一位特别的客人。"

阿飞道:"谁?"

林仙儿道:"铁笛先生。"

阿飞道:"铁笛先生?这是什么人?"

林仙儿睁大了眼睛,仿佛很吃惊,道:"你连铁笛先生都不知道?"

阿飞道:"我为什么一定要知道他?"

林仙儿叹了口气,道:"因为这位铁笛先生就算不是今日江湖中最负盛名的人,也差不多了。"

阿飞道:"哦?"

林仙儿道:"据说此人武功之高,已不在武林七大宗派的掌门之下。"

阿飞冷冷道:"成名的武林高手,我倒也见过不少。"

林仙儿道:"但这人却不同,他绝不是徒负虚名之辈,非但武功精绝,而且铁笛中还暗藏一十三口摄魂钉,专打人身穴道,乃是当今武林中的第一位点穴名家!"

她一面说着话,一面留意阿飞面上的神色。

但阿飞这次又令她失望了。

他脸上根本没有露出丝毫惊惧之色,反而笑了笑,道:"原来他们找这铁笛先生来就是对付我的。"

林仙儿垂下眼帘,道:"心眉大师做事一向很谨慎,他怕……"

阿飞道:"他怕我去救李寻欢所以就找铁笛先生来做保镖。"

林仙儿道:"纵然他们不找,铁笛先生也非来不可。"

阿飞道:"为什么?"

林仙儿道:"因为铁笛先生的爱妾'如意'已死在梅花盗手上。"

阿飞的眼睛更深沉,凝视着腰带上的剑柄,缓缓道:"他什么时候到?"

林仙儿道:"他说他要赶来吃晚饭的。"

阿飞道:"那么,他们也许吃过晚饭就动身了。"

林仙儿想了想,道:"也许……"

阿飞道:"也许他们根本永远不会动身了。"

林仙儿道:"永远不会动身?为什么?"

阿飞一字字道:"我的妻子若死在一个人身上,我绝不会让他活着到少林寺去的。"

林仙儿动容道:"你是怕铁笛先生一来了就对李寻欢下毒手?"

阿飞道:"嗯。"

林仙儿怔半晌,长长吐出口气,道:"不错,这也有可能,铁笛先生从来不买别人账的,他若要出手,心眉大师也未必能拦得住他。"

阿飞道:"你的话已说完,可以走了。"

林仙儿道:"可是……你难道想在铁笛先生赶来之前,先去将李寻欢救出来?"

阿飞道:"我怎么想都与你无关,请。"

林仙儿道:"可是……可是就凭你一人之力,是绝对救不了他的!"

她不让阿飞说话,抢着又道:"我知道你的武功很高,但田七、赵正义也都不弱,心眉大师更是当今少林的第二把高手,内功早已炉火纯青……"

阿飞冷冷地望着她,什么话也没有说。

林仙儿喘了口气,道:"兴云庄此刻可说是高手云集,你若想在白天去下手救人,实在是……实在是……"

阿飞突然道:"实在是发疯,是不是?"

林仙儿垂下了头,不敢接触他的眼睛。

阿飞却笑了又笑,道:"每个人偶尔都会发一次疯的,有时这并不是坏事。"

林仙儿垂着头,弄着衣角,过了半晌,她眼睛里忽然发出了光,道:"我明白你的意思了。"

阿飞道:"哦?"

林仙儿道:"就因为别人都想不到你敢在白天去下手,所以防范一定不严密,何况,他们昨天晚上都忙了一夜,说不定都会睡个午觉……"

阿飞淡淡道:"你的话已说得太多了。"

林仙儿嫣然道:"好,我闭上嘴就是,但你……你还是应该小心些,万一出了什么事,莫忘记兴云庄里还有个欠你一条命的人。"

冷天的暮色总是来得特别早,刚过午时没多久,天色就已渐渐黯淡了下来,但燃灯又还嫌太早了一些。

对大多数人来说,这段时候正是一天中最宁静的时候。

阿飞在兴云庄对面的屋脊后已足足等了一个时辰。

他伏在那里,就像一只专候在鼠穴外的猫,由头到脚,绝没有丝毫动弹,只有一双锐利的眼睛始终在闪闪地发着光。

风刮在身上,冷得像刀。

但他却一点也不在乎,他十岁的时候,为了要捕杀一只狐狸,就曾动也不动地在雪地上等了两个时辰。

那次,他忍耐是为了挨饿,捉不到那只狐狸,他就可能挨饿。一个人为了自己要活着而忍受痛苦,并不太困难。

一个人若为了要让别人活着而忍受痛苦,就不是件容易事了,这件事通常很少有人能办得到。

兴云庄的大门也就和往日一样,并没有关上,但门口却冷清清的,非但瞧不见车马,也很少有人走动。

阿飞却还是不肯放松,在荒野中的生活,已使他养成了野兽般的警觉,无论任何一次出击之前,都要等很久,看很久。

他知道等得愈久,看得愈多,就愈不会发生错误——他也知道无论多么小的错误,都可能是致命的错误。

这时已有一个人大摇大摆自兴云庄里走了出来,虽然隔了很远,阿飞却也看清这人是个麻子。

他自然想不到这麻子就是林仙儿的父亲,他只看出这麻子一定是兴云庄里一个有头有脸的佣人。

因为普通的小佣人,绝不会像这样趾高气扬的——若不是佣人,也不会如此趾高气扬了。

瓶子里没醋,固然不会响,若是装满了醋,也摇不响的,只有半瓶子醋才会晃荡晃荡。

这位林大总管肚子里醋装的虽不多,酒装得却不少。

他大摇大摆地走着,正想到小茶馆里去吹牛,谁知刚走到街角,就忽然发现一柄剑已指着他的咽喉。

阿飞并不愿对这种人用剑,但用剑说话,却比用舌头有效得多,他更不愿对这种人多费唇舌,冷冷道:"我问一句,你答一句,你答不出,我就杀你,答错了我也杀你,明白了么?"

林麻子想点头,却怕剑刺伤下巴,想说话,却说不出,肚子里的酒已变成冷汗流得满头。

阿飞道:"我问你,李寻欢是不是还在庄子里?"

林麻子道:"是……"

他嘴唇动了好几次,才说出这个字来。

阿飞道:"在哪里?"

林麻子道:"柴……柴房。"

阿飞道:"带我去!"

林麻子大骇道:"我……我怎么带你去……我没……我没法子……"

阿飞道:"你一定能想得出法子来的。"

他忽然反手一剑,只听"吃吃"的一声,剑锋已刺入墙里。

阿飞的眼睛早已透入林麻子血管里,冷冷道:"你一定能想出法子的,是不是?"

林麻子牙齿打战,道:"是……是……"

阿飞道:"好,转过身,一直走回去,莫忘了我就在你身后。"

林麻子转过身,走了两步,忽又一颤声道:"衣服……小人身上这件破皮袄……大爷你穿上……"

阿飞身上穿的只是一套用硝过的小薄羊皮做成的衣服,这种衣服实在太引人注目,林麻子要他穿上自己的皮袄,的确是个好主意——世上有很多好主意,本都是在剑锋逼着下想出来的。

而林总管显然并不是第一次带朋友回来,所以这次阿飞跟在他身后,门口的家丁也并没有特别留意。

柴房离厨房不远,厨房却离主房很远,因为"君子远庖厨",这兴云庄昔日的主人正是位真正的君子。

林麻子从小路走到柴房,并没有遇见什么人,就算遇见人,别人也以为他是到厨房去拿下酒菜的。

阿飞倒也未想到这件事成功得如此容易。

只见孤零零的一个小院子里,有间孤零零的小屋子,破旧的小门外却加了柄很坚固的大锁。

林麻子道:"李……李大爷就被锁在这屋里,大爷你……"

阿飞瞪着他,冷冷道:"我想你也不敢骗我。"

林麻子赔笑道:"小人怎敢说谎,小人怎敢拿自己的脑袋开玩笑?"

阿飞道:"很好。"

这两个字说完,他已反手一击,将这麻子击晕在地上,一步蹿过去,一脚踢开了门。

第十六章

假仁假义

门外并没有人看守,这也许是因为任何人都想不到阿飞敢在白天来救人的,也许是因为大家都想趁机睡个午觉。

这间柴房只有个很小的窗子,就像是天生的牢房一样,阴森森而黑暗,堆得像是小山般的柴木下,蜷伏着一个人,也不知是已晕迷,还是已睡着。

一见到他身上那件貂裘,阿飞胸中的热血就沸腾了起来,连他自己也不明白自己怎会对这人生出如此深厚的友情。

他一步蹿过去,嘎声道:"你……"

就在这时,貂裘下忽然飞起了道剑光。

剑光如电,急削阿飞双足。

这变化实在太出人意料之外,这一剑也实在很快。

幸好阿飞手上还握着剑,他的剑更快,快得简直不可思议,那人的剑虽已先刺出,阿飞的剑后发却先至。

只听"锵"的一声,阿飞的剑尖竟点在对方的剑脊上。

那人骤然觉得手腕一裂,掌中剑已被敲落。

但这人也是少见的高手,临危不乱,身子一翻,已滚出丈外,这时才露出脸来,居然是游龙生去而复返。

阿飞不认得他,也没有看他一眼,一剑出手,身子已往后退,他退得虽快,怎奈却已迟了。

门外已有一条藤棍,一柄金刀封住了退路。

阿飞刚顿住身形,只听"哗啦啦"一声大震,小山般堆起来的柴木全都崩落,现出了十几个人来。

这十几个人俱都疾装劲服,手持弩匣,对准了阿飞,这种诸葛弩在近距离内威力之强,无可比拟。

无论是什么人,无论有多大的本事,若在一间柴房里被十几口诸葛弩围住,再想脱身,只怕就比登天还难了。

田七微笑道:"阁下还有什么话说?"

阿飞叹了口气,缓缓坐了下去,道:"请动手。"

田七仰面大笑道:"好,阁下倒不愧是个痛快的人,田某就索性成全了你吧!"

他挥了挥手,弩箭便已如急雨般射出。

就在这刹那间,阿飞突然就地一滚,左手趁势抄起了方自游龙生掌中跌落的夺情剑。

剑光飞舞,化做光圈,弩箭竟被四下震飞,光圈已滚珠一般滚到门口,赵正义怒吼一声,紫金刀"立劈华山",急砍而下。

谁知他一刀尚未砍下,光圈中突又飞出一道剑光。

这一剑之快,快如闪电。

赵正义大惊变招,已来不及了,"哧"的一声,剑已刺入了他的咽喉，鲜血溅出，如旗花火箭。

田七倒退半步，反手一棍抽下。

但这时光圈又已化作一道飞虹，向门外蹿了出去。

田七要想追，突又驻足，只见赵正义手掩住咽喉，喉咙里咯咯作响，居然还没有断气。

阿飞夺路为先，伤人还在其次，是以这一剑竟刺偏了两寸，恰巧自赵正义气管与食道间穿出，并没有伤着他的要害。

再看阿飞已掠到小院门外，反手一掷，夺情剑标枪般飞向田七，田七刚想追出，又缩了回去。

长剑"哆"的一声钉入了对面墙壁。

游龙生到这时才长长叹了口气，道："这少年好快的身手！"

田七微微一笑，道："他的运气不错。"

游龙生道："运气？"

田七道："少庄主方才难道未瞧见他身上已挨了两箭么？"

游龙生道："不错，我已看出他左手舞剑，剑光中仍有破绽，必定挡不住七爷属下的神弩，奇怪的是，他居然没有受伤。"

田七道："这只因他身上穿了金丝甲，我千算万算，竟忘了这一着，否则他纵有天大的本事，今日也休想能活着走出这间柴屋。"

游龙生出神地望着插在墙上的剑，沉重地叹息了一声，道："他今天不该来的。"

田七笑道:"胜负兵家常事,少庄主又何必懊恼,何况,那厮纵然闯过了我们这一关,第二关他还能闯得过去么?"

阿飞刚掠出门,突听一声"阿弥陀佛",清朗的佛号声竟似自四面八方同时响了起来。

接着,他就被五个灰袍、芒鞋、白袜的少林僧人团团围住。

这五人俱是双手合十,神情庄穆,行动时脚下如行云流水,一停下来就立刻重如山岳。

当先一人白眉长髯,不怒自威,左手上缠着一串古铜色的佛珠,正是少林的护法大师心眉。

阿飞目光四扫,居然神色不变,只是淡淡道:"出家人原来也会埋伏。"

心眉大师沉声道:"老僧并无伤人之心,檀越何必逞口舌之利,需知利在口舌,损在心头,不能伤人,徒伤自己。"

他缓缓道来说得似乎很平和,但传入阿飞耳中后,每个字都变得有如洪钟巨鼓,震得他耳朵嗡嗡作响。

阿飞道:"和尚的口舌之利,似乎也不在我之下吧!"

他嘴里说着话,人已斜斜冲出。

他知道自己若是凌空跃起,下盘便难免空门大露,心眉的佛珠扫来,他两条腿就算废了。

是以他只有乘机自旁边两人之间的空隙中冲出。

谁知他身子刚动,少林僧人们也忽然如行云流水般转动起来,五个人围着阿飞转动不休。

阿飞脚步停下,少林僧人的脚步也立刻停下来。

心眉大师道:"出家人不愿杀生,檀越你掌中有剑,脚下有足,只要能冲出老僧这小小的罗汉门,老僧便心悦诚服,恭送如仪。"

阿飞长长呼吸了一次,身子却动也不动。

他已看出这些少林僧人们非但功夫深厚,而且身形之配合更是天衣无缝,简直滴水不漏。

阿飞八九岁的时候,就看到一只仙鹤被一条大蟒蛇困住,那仙鹤之喙虽利,但却始终不敢出击。

他本来觉得很奇怪,后来才知道仙鹤最知蛇性,因为这蟒蛇盘成蛇阵后,首尾相应,如雷击电闪,它钢啄若是向蛇首直啄下,双腿就难免被蛇尾卷住,它若啄向蛇尾,便难免被蛇首所伤。

所以这仙鹤一直站着不动,等到蟒蛇不耐,忍不住先出击时,仙鹤的钢啄有如闪电般啄住了蟒蛇的七寸。

阿飞在旁边树上看了一夜,这才明白"首尾相应"固然是行兵的要诀,但若能做到"以静制动,以逸待劳"这八字,便能稳操胜券了。

这道理他始终未曾忘记。

是以少林僧人不动,阿飞也绝不动。

心眉大师自己似有些沉不住气了,道:"檀越难道想束手就缚?"

阿飞道:"不想。"

他的回答素来很干脆,绝不肯浪费一个字。

心眉大师道:"既不愿就缚,为何不走?"

阿飞道:"你不杀我,我也不能杀你,就冲不出去。"

心眉大师淡淡一笑,道:"檀越若能杀得了老僧,老僧死而无怨。"

阿飞道:"好。"

他居然动了!一动就快如闪电。

但见剑光一闪,直刺心眉大师的咽喉。

少林僧人身形也立刻动了,八只铁掌一起向阿飞拍下!

谁知阿飞剑方刺出,脚下忽然一变,谁也看不出他脚步是怎样变的,只觉他身子竟忽然变了个方向。

那一剑本来明明是向心眉刺出的,此刻忽然变了方向,另四人就像是要将自己的手掌送去让他的剑割下。

心眉大师沉声道:"好!"

"好"字出口,他衣袖已卷起一股劲,"少林铁袖",利于刀刃,这一招正是攻向阿飞必救之处。

四个少林僧人虽遇险招,但自己根本不必出手解救,这也就是"少林罗汉阵"威力之所在。

谁知就在这刹那间,阿飞的剑方向竟又变了。

别人的剑变招,只不过是出手部位改变而已,但他的剑一变,却连整个方向都改变了。

本是刺向东的一剑,忽然就变成刺向西。

其实他的剑根本未变,变的只是他的脚步,变化之快,简直令人不相信世上会有这么样一双腿。

只听"哧"的一声,心眉大师衣袖已被击中。

接着,剑光忽然化作一溜青虹,人与剑似已结为一体,青虹划过,人已随着剑冲了出去。

他行险侥幸,居然得手,但却忘了背后空门已露出。

只听心眉大师沉声道:"檀越慢走,老僧相送。"

阿飞只觉背后一股大力撞来,好像被铁锤打在他的背脊上般,他身上虽有金丝甲,但也被打得胸一热。

他的人就像断线纸鸢般飞了出去。

一个胡茬子发青的少林僧人道:"追!"

心眉大师道:"不必。"

少年僧人道:"他已逃不远了,师叔为何要放他逃走。"

心眉大师道:"他既已逃不了,为何还要追?"

那少年僧人想了想,面露微笑,垂首道:"师叔说得是。"

心眉大师边望着阿飞逃走的方向,缓缓道:"出家人慈悲为怀,能不伤人,还是不伤人的好。"

田七一直在远远瞧着,此刻"哧"的一笑,喃喃道:"好个出家人慈悲为怀,若有别人替他杀人,他自己就不肯动手了。"

阿飞借着掌力飞起,也借着飞起之势来消解掌力。

少林护法的掌力果然是雄浑沉厚,不同凡响,阿飞直掠过两重屋脊,才勉强站起来。

等他再次掠起时,才发现自己的内力已受了伤,但这点伤他相信自己还能禁得起。

刻苦的锻炼,艰难的岁月,已使他变成了个不容易倒下去的人,他的身子几乎就像是铁打的。

暮色渐深。

四面看不到人踪,但每株树上,每重屋脊后,每个角落里都可能有敌人潜伏着。

阿飞若能逃出去,已是万幸——在少林护法和四大高手的围攻之下,天下本就很少有人能冲出来的。

只是阿飞并不想逃走。

一件事若还没有成功,他绝不肯半途放弃。

田七他们将李寻欢藏到什么地方呢?

阿飞的目光鹰一般四下搜索着,狸猫般掠下屋脊,蹿入后园。一个人在屋脊上的目标太大,后园中却多的是藏身之地。

突然间,他听到有人在笑。

笑声并不高,却距离很近,仿佛就在他身旁发出来的,他一转头,才发现笑的人竟距离他很远。

数丈外有座小亭,这人就坐在亭子里,倚着栏杆看书,看得很出神,似乎根本没有留意到别的事。

他穿着件很破旧的棉袍子,一张脸很瘦、很黄,胡子很稀疏,看来就像是个营养不良的老学究。

但老学究若在数丈外发笑,别人绝不会以为笑声就发自身旁的,只有内功绝顶的高手,才能将笑声传得这么远。

阿飞停下脚,静静地望着他。

这老学究似乎没有看到阿飞,用手指蘸了点口水,将书翻过了一页,又津津有味地看了下去。

阿飞一步步向后退,退了十步,霍然转身。

一转身他就已到了三丈外,再也不回头,急掠而出,三两个起落,已蹿入了梅林。

梅花开得正盛,一阵阵梅香沁心。

阿飞长长吸了口气,将喉头一点血腥味压了下去。

他已发现自己伤势比想象中重得多,方才一动真气,胸中便似有鲜血要涌出,只怕已难和人交手了。

但就在这时,突听一阵笛声响起。

笛声悠扬而清冽,梅花上的积雪被笛声所摧,一片片飘落下来,一片片落在阿飞身上。

雪花飘飞间,可以看到一个人正倚在数丈外一株梅树下吹笛,身上穿着件破旧的棉袍,赫然就是方才看书的老学究。

笛声渐渐自高亢转为低迷,曲折婉转,荡人幽思。

阿飞这次不再走了,凝视着他,一字字道:"铁笛先生?"

笛声骤顿。

铁笛先生抬起头,一双眼睛忽然变得寒星般闪闪生光,就在刹那间,这萎靡的老人似已年轻了十岁。

他盯着阿飞看了很久,忽然道:"你受了伤?"

阿飞也有些意外:"这人好厉害的眼力。"

铁笛先生道:"伤在背后?"

阿飞道:"你已看出,何必再问?"

铁笛先生道:"是心眉和尚下的手?"

阿飞道:"哼。"

铁笛先生笑了笑,摇着头道:"少林护法原来也不过如此。"

阿飞道:"不过怎样?"

铁笛先生淡淡道:"以他的身份,本不该在背后出手伤人,既已伤了你,便不该还让你能活着走到我面前。"

他忽又一笑,喃喃道:"老和尚这难道是想借刀杀人么?"

阿飞道:"我告诉你三件事:第一,若不在背后出手,他根本出不了手;第二,他纵然出手也杀不死我;第三,你更杀不死我!"

铁笛先生纵声大笑道:"少年人好大的口气。"

他的笑声一发即收,厉声道:"你既已受伤,我本不愿出手,但你的口气太大,我不能不教训你。"

阿飞似已觉得话说得太多,连一个字都不愿再说。

铁笛先生道:"念在你已受伤,我让你三招。"

阿飞望着他,忽然笑了。

他微笑着将剑插回腰带上,扭头就走。

铁笛先生纵声长笑,飞身而起,棉袍的衣襟在空中展开,苍鹰般落到阿飞面前,叱道:"既已见到了我,你还想走?"

阿飞连看都没有看他一眼,冷冷道:"我不走,你就得死!"

铁笛先生大笑道:"是我死,还是你死?"

阿飞道:"没有人能让我三招。"

铁笛先生道:"我若让你三招,就非死不可?"

阿飞道:"是。"

铁笛先生道:"你为何不试试?"

阿飞不再说话,转过目光,盯着他。

铁笛先生骤然觉得有股寒意自心底升起。

他享受盛名并非侥幸,而是经过大大小小无数次血战得来的,每次血战中,他都会面对一双眼。

各式各样的眼睛,有的眼睛里充满了怨毒凶恶,也有的眼睛里充满畏惧和乞怜之意。

但他从未见过这样的眼睛。

这双眼睛里几乎完全没有任何感情,这少年的眼珠子也像是用石头塑成的,这双眼睛瞪着你时,就好像一尊神像在神案上漠然俯视着苍生。

铁笛先生竟不由自主后退了半步。

就在这时,阿飞的剑已出手。

一剑刺出,绝不空回。

这是阿飞的信条,没有绝对把握时,他的剑绝不出手!

铁笛先生的身子突又凌空掠起冲上梅梢,只听"哗啦啦"一片声响,雪花、梅花飞满天。

白雪和红梅在半空中交织成一幅绮丽的图案,从下面望上去,只见铁笛先生的身子在白云红梅中飘飘飞舞。

阿飞根本没有抬头,剑已收起。

铁笛先生已轻飘飘落了下来，他落得那么慢，看来就像一个纸扎的人，他身子还在空中，雪地上已多了一串鲜血。

阿飞凝视着地上的血，缓缓道："没有人能让我三招，一招都不能！"

铁笛先生倚着梅树，喘息着，他的脸苍白，咽喉之下，胸口之上，血迹淋漓。

他那支名震天下的铁笛根本没有机会出手！

阿飞道："但你没有死，也因为你让我三招，你没有失信。"

他忽又笑了笑道："你至少比心眉强得多。"

心眉说绝不伤人，只要他冲出罗汉阵，但后来还是伤了他，这教训他发誓永远也不忘记。

铁笛先生喘息着，忽然道："还有两招。"

阿飞道："还有两招？"

铁笛先生咬牙忍受着痛苦，勉强笑道："我让你三招，你只出手一招。"

阿飞再次转过身来凝视着他，凝视了很久很久，道："好！"

他轻轻出手，在铁笛先生面前击了两掌，道："现在三招都……"

就在这时，只听"叮"的一声轻响，十余点寒星暴雨般自铁笛先生手上的铁笛中飞射而出！

阿飞凌空一个翻身，掠出三丈，等到落下来时，人已站不住了，两条腿一软扑地坐下。

铁笛先生苍白的脸上泛起一阵兴奋的红光，喘息着道："今天我已学会了一件事，绝不让任何人三招，你也该学会一件事……若要出手，就一定要令对方倒下，否则你就绝不要出手！"

阿飞咬着牙，瞧着钉在他腿上的一点寒星，一字字道："这件事我一定忘不了的！"

铁笛先生道："好，你走吧。"

阿飞还未说话，已听得一阵脚步声响起。

有人在呼唤着道："前辈，铁老前辈，你得手了么？"

铁笛先生道："快走，我已无力杀你，也不愿你死在别人手上！"

阿飞就地一滚，滚出两丈。

他的腿虽已不能走，他的手却同样有力。

但他也知道自己是走不远的，这一片白银般的雪地，就是他致命的对头，他已无力消灭自己在雪地上留下来的痕迹。

田七他们迟早都会追上来的。

何况他此刻喉头又已感觉到一阵阵血腥气，他虽然在勉强忍耐着，但这口血迟早还是难免要吐出来。

用不着别人来追，他自己已支持不了多久，他只想见李寻欢最后一面，告诉李寻欢他已尽了力。

就在这时，已有一条人影向他扑了过来。

屋子里只燃着一支烛。

烛光映着李寻欢苍白而带着病态嫣红的脸,他不停地咳嗽着,咳得几乎喘不过气来。

龙啸云默默地望着他,等他咳完了,才递过一杯酒去,递到他嘴边,慢慢地倒入他的嘴里。

喝完了这杯酒,李寻欢就笑了,道:"大哥,你看我一滴酒都没有漏出来吧?我就算被人悬空倒着吊起来,但若有人喂我喝酒,我也绝不会漏出来的。"

龙啸云想笑,却没有笑出来,黯然道:"你为什么不让我解开你的穴道?"

李寻欢笑道:"我是个禁不起诱惑的人,你若解开我的穴道,我说不定就想跑了。"

龙啸云道:"现在……现在他们都不在这里,你若……"

李寻欢打断了他的话,道:"大哥,你到现在还不明白我的意思么?"

龙啸云叹道:"我明白,可是……"

李寻欢笑了笑,道:"我知道你又想说那句话了,但你实在并没有什么对不起我的地方,你将我从柴房搬到这里来,又有酒喝,这已不愧我们兄弟一场了。"

第十七章

原形毕露

龙啸云听了李寻欢的话,垂下了头,沉默了很久,黯然道:"明天……明天你就要走了,我……"

李寻欢道:"你千万莫要再来送我,我从来不喜欢送人,也不愿别人来送我,我看到别人送行时那种如丧考妣的模样就觉得恶心。"

他又笑了笑道:"何况我这次去的地方又不远,说不定三五天就会回来。"

龙啸云也打起了精神,展颜笑道:"不错,你回来我一定接你,那时我们再好好醉一场。"

突听一人幽幽道:"你们明知这一去永远也不会回来了,又何必还要自己骗自己。"

林诗音缓缓走了过来,美丽的面容似又憔悴了许多。

李寻欢目中立刻露出了痛苦之色,却还是笑着道:"我为何不会回来?你们都是我最好的朋友,我……"

林诗音没有让他说完这句话,冷冷道:"谁是你的好朋友,这里根本没有你的朋友。"

她忽然指着龙啸云,道:"你以为他是你的朋友么?他若是你的朋友,就该立刻让你走。"

龙啸云道:"可是他……"

林诗音道:"他不走,是怕连累了你,但你为何不放他?走不走是他的事,放不放却是你的事。"

她没有听龙啸云答复,就头也不回地冲了出去。

龙啸云霍然长身而起,嘎声道:"她说得对,无论你走不走,我都该放了你的。"

李寻欢忽然大笑起来。

龙啸云愣了愣道:"你……你笑什么?"

李寻欢叫道:"你几时学会听女人的话了?我交的是龙啸云,是条好汉子,可不是怕老婆的可怜虫。"

龙啸云紧握着双拳,热泪已不禁夺眶而出,颤声道:"兄弟,你……对我太好了,我并不是不懂你的苦心,可是……可是却叫我这一生如何报答你?"

李寻欢道:"我正有件事想求你。"

龙啸云一把抓住他肩头,道:"什么事?你只管说,快说。"

李寻欢道:"昨天来的那少年阿飞,大哥你总该还记得他吧?"

龙啸云道:"当然记得。"

李寻欢道:"他若有了什么危险,大哥你一定要助他一臂之力。"

龙啸云的手缓缓松开,仰面长叹道:"到了这种时候,你还只记着他,你难道从来不肯为自己想想?"

李寻欢道:"我只问你答不答应?"

龙啸云道："我当然答应，只不过，也许我再也见不着他了。"

李寻欢失色道："为什么，他难道已……"

龙啸云勉强一笑，道："你昨天看到他走的，他怎么还会再来？"

李寻欢叹了口气，道："我也希望他莫要再来，只不过他一定会再来的。"

龙啸云道："他若会来救你，为何直到现在还没有来？"

他长长叹了一声，道："兄弟，你对别人虽然义重如山，但别人对你却未必一样。"

李寻欢笑了笑，道："他对我怎样是他的事，但我还是要求大哥，以后无论在什么地方遇见他，都莫要忘了他是我的朋友。"

龙啸云道："好，你的朋友，就是我的朋友。"

突然外面有人唤道："龙四爷……龙四爷。"

龙啸云站起来，又坐下去，道："兄弟，你……"

李寻欢笑道："我的酒已喝够了，大哥你只管去吧，只不过千万要记着，明天早上千万莫要再来送我。"

龙啸云缓缓走到门口，但一走出门，他的脚立刻就快了，只见田七站在园子里的树影下，向他招手。

他快步赶了过去，压低声音道："得手了么？"

田七道："没有。"

龙啸云变色道："没有？你们十几个人，再加上心眉大师和铁笛先生,难道竟对付不了一个小伙子?"

田七苦笑道:"这小伙子可实在太厉害了,简直有些可怕,赵老大被他伤了不说,连铁笛先生都已伤在他剑下。"

龙啸云连连跺脚,道:"我早知道这小子不好惹,你偏说铁笛先生一定可以对付他。"

田七道:"他虽然逃走,却还是中了心眉大师一掌。"

龙啸云道:"既是如此,他一定逃不了的,你们为何不追?"

田七道:"少林寺的人已追下去了,我特地赶来通知你一声。"

龙啸云道:"我去看看,你去叫人到这里来守着。"

树的后面,有座假山。

他们两人刚走,假山后就幽灵般出现了条人影,她美丽的眼睛里充满了惊讶和怀疑,也充满了悲哀和愤恨。

她整个人都在颤抖着泪流满面。

自己的丈夫竟是个出卖朋友的贼。

林诗音的心都碎了,她轻轻啜泣着,然后,像是下了很大的决心,大步向李寻欢那屋子走过去。

但就在这时,已有阵急骤的脚步声传了过来,林诗音身子一闪,立刻又退入假山后的阴影里。

田七已带着七八条劲装疾服的大汉赶过来了,沉声道:"守住门,莫要让任何人进去,否则格杀勿论。"

他自己显然也急着想去追捕阿飞,话未说完,已纵身掠出,大汉们立刻张弓搭箭,守住了门窗。

林诗音紧紧咬着嘴唇,已咬得出血。

她只恨自己以前为何总是轻视武功,不肯下苦功去学武,她总认为世上有很多事不是武力可解决的。

现在她才知道有很多事的确非用武力解决不可。

她想不出如何走入那间屋子。

突听一阵轻微的喘息声,一条人影走了过来,他脚步虽然有些不稳,但还是走得很快。

林诗音认得这人就是今天才赶到的铁笛先生。

只听铁笛先生厉声道:"姓李的是不是在这间屋子里。"

大汉们面面相觑,道:"我们不大清楚。"

铁笛先生道:"好,闪开,我进去瞧瞧。"

大汉道:"田七爷的吩咐,无论谁都不能进去。"

铁笛先生怒道:"田七?田七是什么东西,你们可认得我是谁?"

那大汉眼睛盯着他身上的血迹,道:"无论谁也不能进去。"

铁笛先生道:"很好。"

他的手忽然抬了抬,"叮"的一声寒星暴射而出。

李寻欢闭着眼睛,似已睡着了。

忽然间,他听到一声惨呼,呼声并不响,而且很短促。

李寻欢知道只有被一种很尖锐的暗器钉入咽喉时,才会连惨呼都发不出来,这种情况他当然已看得很多。

他皱了皱眉:"难道又有人来救我了么?"

接着,他就看到一个手提着铁笛的青袍人大步走了进来,脸上虽已全无血色,却满含着杀机。

李寻欢目光停留在他手里的铁笛上,道:"铁笛先生?"

铁笛先生盯着他的脸,道:"你被人点了穴道?"

李寻欢笑了笑,道:"你看到我面前有酒都没有喝的时候,一定是动也不能动了。"

铁笛先生道:"你既然已全无抵抗之力,我本不该杀你的,可是我却非杀你不可。"

李寻欢道:"哦。"

铁笛先生瞪着他,道:"你不问我为何要杀你。"

李寻欢又笑了笑,道:"我若问了反而难免要生气,要向你解释,你一定还是不信,还是要杀我,我又何必多费口舌。"

铁笛先生愣了愣,大声道:"不错,无论你说什么,我都要杀你的……"

他面上泛起一阵激动痛苦之色,嘎声道:"如意,你死得虽惨,但我总算为你报仇了!"

铁笛又已抬起。

李寻欢叹了口气,喃喃道:"如意,你见到我时一定会大吃一惊的,因为你既不认得我,我也不认得你……"

忽然间,林诗音冲了进来,大声道:"等一等,我有话说。"

铁笛先生一惊回头，道："夫人，是你？你最好莫要拦住我，谁也拦不住我的。"

林诗音脸色发青，道："我并不想拦你，但这是我的家，要杀人至少总得让我先动手。"

铁笛先生皱眉道："你也要杀他？为什么？"

林诗音道："我要杀他的理由比你更大，你只不过是为妻子报仇，我却是为儿子报仇，我……我只有一个儿子。"

她言下之意，自然是说："你却不止一个妻子。"

铁笛先生沉默了很久，道："好，我等你先出手之后再出手。"

他自信他的铁笛银钉快如闪电，纵然后发，也可先至，谁知林诗音走过他面前，忽然反手一掌，向他胸膛击出。

林诗音虽然武功不高，但毕竟不是弱不禁风的弱女子。这一掌她已用了全力，铁笛先生猝不及防，竟被打得撞到墙上。

要知他伤势本已难支，全凭暗器伤人，此刻身子一震，伤口迸裂，鲜血又飞溅而出，人也晕了过去。

林诗音心头一阵激动，几乎也倒了下去。

李寻欢知道她一生中简直连只蚂蚁都未踩死过，此刻见到她居然出手伤人，心里也不知是疼是喜，却硬下心肠冷冷道："你又跑来干什么？"

林诗音深深地呼吸了几次，身子才停止发抖，道："我来放你走。"

李寻欢叹了口气,道:"我难道还没有说清楚么?我不走,绝不走。"

林诗音道:"我知道你是为了龙啸云而不肯走,但你知不知道他……他……"

她又颤抖了起来,而且抖得比刚才更厉害,她用力捏紧双拳,指甲都已刺入肉里,用尽了全身力气,挣扎着道:"他已出卖了你,他本来就和那些人串通一气的……"

说完了这句话,她已全身脱力,若非倚着桌子,就已倒了下去,她以为李寻欢听了这话,必定也难免要吃一惊。

谁知李寻欢的神色却没有丝毫变化,甚至连眼角的肌肉都没有跳动,反而笑了笑,淡淡道:"你只怕是误会了他,他怎会出卖我?"

林诗音用力抓着桌子,桌子上的杯盏叮当直响。

她嘶声道:"我亲眼看到的,亲耳听到的。"

李寻欢道:"你看错了,也听错了。"

林诗音道:"你……你到现在还不相信?"

李寻欢柔声道:"这两天你太累,难免会弄错很多事,还是去好好睡一觉吧,到了明天,你就会知道你的丈夫是个很可靠的男人。"

林诗音望着他,失神地睁大了眼睛,看了很久很久,忽然倒在桌子上,放声大哭起来。

李寻欢闭起眼睛,似乎已不忍再看她,嘎声道:"你为什么……"

话未说完，忽然喷出了一口鲜血。

林诗音也控制不住自己，十几年来一直压制着的情感，此刻就像是山洪般全都暴发了出来。

她跟跄扑向李寻欢，道："你不走，我就死在你面前。"

李寻欢咬紧了牙关，一字字道："你是死是活，对我又有何关？"

林诗音霍然抬头，瞪着他，嗄声道："你……你……你……"

她每说一个"你"字，就后退一步。

忽然间，她发觉她已倒在一个人的身上。

龙啸云的脸色沉重如铁。

他紧紧地揽住了林诗音的柔肩，像是生怕自己一松手，林诗音便要从他身旁消失，而且永不复返。

林诗音看到他的手，神情忽然镇定了下来，冷冷道："拿开你的手，请你以后永远也莫要再碰我。"

龙啸云的脸忽然起了一阵痉挛，就像是给人抽了一鞭子。

他的手终于缓缓松开，凝视着林诗音，道："你已全部知道了？"

林诗音冷冷道："世上绝没有能永远瞒得过人的事。"

龙啸云道："你……你已全部告诉了他。"

李寻欢忽然笑了笑，道："其实用不着她告诉我，我也早就知道了。"

龙啸云似乎一直不敢面对他,此刻才霍然抬头,道:"你知道?"

李寻欢道:"嗯。"

龙啸云道:"你什么时候知道的?"

李寻欢叹了口气,道:"就在你拉住我的手,让田七点中我穴道的时候,只不过——我虽然知道,却并不怪你。"

龙啸云颤声道:"你……你既然知道,为何不说出来?"

李寻欢淡淡一笑,道:"我为何要说?"

林诗音凝注着他,身子忽又颤抖起来,道:"你不走,是不是为了我?"

李寻欢皱眉道:"为了你?"

林诗音道:"你怕我知道了会伤心,你不愿将我们这家拆散,因为我们这家本就是你……你……"

她话未说完,已又泪流满面。

李寻欢忽然大笑起来,大笑道:"女人为什么总是这样自我陶醉?我不说,只不过因为说了也无用;我不走,只因为明白他不会让我走的。"

他不停地笑,不停地咳嗽,目中有热泪夺眶而出,也不知是笑出了眼泪还是咳出了眼泪。

林诗音凄然道:"现在无论你怎么说都没关系了,我反正已知道……"

李寻欢骤然顿住笑声,厉声道:"你知道,你知道什么,你可知道龙啸云这样做是为了谁,你可知道他就是怕我来将你们的家拆散,所以这样做的!只因为他将这个家看得比什么都重,更将你看得比什么都重……"

林诗音望着他,忽也嘶声笑了起来,道:"他害了你,你还要替他说话,很好,你的确很够朋友,但你知不知道我也是人……你对不对得起我?"

说到后来,谁也分不清她究竟是笑,还是哭?

李寻欢又剧烈地咳嗽起来,咳出了血。

龙啸云瞪着他,嘎声道:"你说得不错,我的确是为了这个家,为了我的儿子,我们本来活得好好的,你一来就全都变了!"

他疯狂般大吼道:"我本来是这家的主人,但你一来,我就觉得好像只不过是在这里作客,我本来有好儿子,但你来,就叫他变得半死不活。"

李寻欢黯然叹道:"你说得不错,我……我的确是不该来的。"

龙啸云忽又紧紧握住了林诗音,嘎声道:"但最主要的,我还是为了你,我将所有的一切全部还给他也没关系,但我却不能失去你……"

他话未说完,也已泪流满面。

林诗音闭着眼睛,眼角的泪珠如珍珠般落下,道:"你若还有一分为我着想,就不该这样做。"

龙啸云道:"我也知道不该这样做,但我却实在害怕。"

林诗音道:"你怕什么?"

龙啸云道："我怕你离开我，因为你虽然不说，我也知道你……你并没有忘记他，我只怕你又回到他那里去。"

林诗音忽又跳起来，大声道："拿开你的手！你不但手脏，心更脏，你将我看成什么样的人了？你将他看成什么样的人！"

她扑倒地上，放声痛哭道："你难道已忘了我……我毕竟是你的妻了！"

龙啸云站在那里，似乎已变成了个木头人，唯有眼泪还是在不停地流。

李寻欢看着他们，黯然自语道："这是谁的错……这究竟是谁的错……"

阿飞只觉得身子软绵绵的，仿佛躺在云堆里，空气里飘荡着一种若有若无、如兰如馨的香气。

他醒了过来，却宛如还在梦里。

他简直不愿醒来，因为他这一生，从来也没有到过如此温软馨香的地方，他甚至连这样的梦都没有做过。

在他梦里，也永远只有冰雪、荒原、虎狼或一连串无穷无尽的灾祸、折磨、苦难……

只听一人说道："你醒过来了么？"

这声音是如此温柔，如此关切。

阿飞张开眼，就看到了一张绝美的脸，脸上带着世上最温柔、最可爱的笑容，眼波里带着最深厚的情意。

这张脸温柔美丽得几乎就像是他的母亲。

他记得小时候生病的时候,他的母亲也是这样坐在他身边,也是这样温柔地看守着。

但这已是许久许久以前的事了,久远得连他自己都已几乎忘记……

阿飞挣扎着要跳下床,嗄声道:"这是什么地方?"

他身子刚坐起,又倒下。

林仙儿温柔地替他拉起了被,柔声道:"你莫要管这是什么地方,就将这里当作你自己的家吧。"

阿飞道:"我的家?"

他从来也不了解"家"这个字代表的是什么意思。

他从来没有家。

林仙儿嫣然道:"我想你的家一定很温暖,因为你有那么样一个好母亲,她一定很温柔、很美丽,也很爱你。"

阿飞沉默着,也不知过了多久,才缓缓道:"我没有家,也没有母亲。"

林仙儿愣了愣,道:"可是……可是你昏迷的时候却一直呼唤着她。"

阿飞没有动,面上也没有表情,道:"我七岁的时候,她就过世了!"

他脸上虽没有表情,眼睛却已湿润。

林仙儿垂下头,道:"对不起,我……我不该提起了你的伤心事。"

又沉默了半晌,阿飞道:"是你救了我?"

林仙儿道:"那时你已昏了过去,所以我就暂时将你搬到这里来,但你只管安心养伤,绝没有人敢闯到这里来的。"

阿飞道:"我母亲临死的时候,再三吩咐我,叫我永远莫要受别人的恩惠,这句话我永远也没有忘记,可是现在……"

他岩石般的脸忽然激动起来,嘎声道:"现在我却欠了你一条命!"

林仙儿柔声道:"你什么也不欠我,莫忘了,我这条命也是你救回来的。"

阿飞长长叹息了一声,喃喃道:"你为何要救我?为何要救我?"

林仙儿含情脉脉地望着他,情不自禁伸出手,轻抚着他的脸,柔声道:"你现在什么也不要想,以后……以后你就会知道我……我为什么要这样对你。"

她的手柔若无骨,温如美玉。

她美丽的脸上已泛起了一阵朝霞般的红晕。

阿飞闭上了眼睛。

他的心本来也坚如岩石,但此刻,也不知怎地,竟连心底最深处都震动了起来,宛如一湖静水,忽然起了无数的涟漪。

他从来也未想到,自己竟也会有这种感情。

但他却只是闭上了眼睛,道:"现在是什么时候了?"

林仙儿道:"还不到三更。"

阿飞又挣扎着要坐起来。

林仙儿道："你……你想到哪里去？"

阿飞咬紧牙关，道："我绝不能让他们将李寻欢带走。"

林仙儿道："但他已经走了。"

阿飞"噗"地倒在床上，汗如雨下道："你说现在还没有到三更？"

林仙儿道："现在是还没有到三更，但李寻欢昨天凌晨已走了。"

阿飞失声道："昨天凌晨？我难道已昏睡了一天一夜？"

林仙儿用一条淡红的丝巾轻轻擦拭他额头上的汗，道："你伤得很重，除了你之外，只怕没有别人能挨得住的，所以你现在一定要乖乖地听话，好好地养伤。"

阿飞道："但是李……"

林仙儿轻轻掩住了他的嘴，道："我不许你再提他，因为他的处境远不如你危险，就算你要救他，也得等你养好了伤再说。"

她将他扶正在枕上，道："你放心，心眉大师既然说要将他带到少林寺去，那么他这一路上就绝不会再有什么危险的。"

李寻欢斜倚在车厢里，瞧着对面的心眉大师和田七，似乎瞧得很有趣，忽然忍不住笑了。

田七瞪着他道："你觉得我们很滑稽？"

李寻欢悠然道："我只是觉得很有趣。"

田七道："有趣？"

李寻欢打了个呵欠，闭上眼，似乎要睡着了。

田七一把揪住了他，道："我哪点有趣？"

李寻欢淡淡道："抱歉，我说的不是你，世上虽然有很多人都很有趣，但你却是例外，你实在无趣极了。"

田七脸色变了，瞪了他半晌，终于缓缓松开手。

心眉大师一直都好像没有在听他们说话，此刻却忍不住道："你觉得老僧很有趣？"

他这辈子还没有遇见过一个说他有趣的人。

李寻欢又打了个呵欠，懒洋洋笑道："我觉得你有趣，只因我还未见过一个坐车的和尚，我总认为出家人既不能骑马也不能坐车的。"

心眉大师居然也笑了笑，道："和尚也是人，不但要坐车，还要吃饭。"

李寻欢道："你既然已坐在车上，为何不坐得舒服些，我看你这样坐着，总忍不住以为你长了痔疮。"

心眉大师脸色也沉了下去，道："你难道想我塞住你的嘴？"

李寻欢道："你若要塞我的嘴，我建议你用酒瓶，最好是装满了酒的酒瓶。"

心眉大师望了田七一眼，田七的手缓缓伸到李寻欢的哑穴上，悠然笑道："我这只手一按，你知道就会怎么样？"

李寻欢笑了笑，道："你这只手若一按，就听不到很多有趣的话了。"

田七道:"那么就算我……"

刚说到这里,他的手还未按下去,突听健马一声惊嘶,赶车的连声怒叱,马车骤然停了下来。

车马奔行甚急,此刻骤然停住,车子里的人都不禁从座位上弹了起来,脑袋几乎撞在车顶上。

田七怒道:"什么事?难道你们……"

他的头探出车窗,嘴就闭上了,脸色也变了!

积雪的道路旁直挺挺地站着一个人,右手拉了马辔头,健马长嘶跳跃,他的手却如铁铸的,动也不动!

读客文化将出版以下古龙经典作品

《小李飞刀：多情剑客无情剑》

《小李飞刀2：边城浪子》

《小李飞刀3：九月鹰飞》

《小李飞刀4：天涯·明月·刀》

《陆小凤传奇：金鹏王朝》

《陆小凤传奇2：绣花大盗》

《陆小凤传奇3：决战前后》

《陆小凤传奇4：银钩赌坊》

《陆小凤传奇5：幽灵山庄》

《陆小凤传奇6：凤舞九天》

《陆小凤传奇7：剑神一笑》

《楚留香新传：借尸还魂》

《楚留香新传2：蝙蝠传奇》

《楚留香新传3：桃花传奇》

《楚留香新传4：新月传奇·午夜兰花》

《七种武器：长生剑·孔雀翎》

《七种武器2：碧玉刀·多情环》

《七种武器3：离别钩·霸王枪》

《七种武器4：愤怒的小马·七杀手》

《萧十一郎》

《火并萧十一郎》

《绝代双骄》

《欢乐英雄》

《三少爷的剑》

《流星·蝴蝶·剑》

《武林外史》

《白玉老虎》

《圆月弯刀》

《大人物》

《绝不低头》

《碧血洗银枪》

《彩环曲》

《苍穹神剑》

《大地飞鹰》

《风铃中的刀声》

《护花铃》

《剑毒梅香》

《剑客行》

《猎鹰·赌局》

《名剑风流》

《飘香剑雨》

《七星龙王》

《失魂引》

《血鹦鹉》

《英雄无泪》

《游侠录》

《月异星邪》

激发个人成长

多年以来,千千万万有经验的读者,都会定期查看熊猫君家的最新书目,挑选满足自己成长需求的新书。

读客图书以"激发个人成长"为使命,在以下三个方面为您精选优质图书:

1. 精神成长
熊猫君家精彩绝伦的小说文库和人文类图书,帮助你成为永远充满梦想、勇气和爱的人!

2. 知识结构成长
熊猫君家的历史类、社科类图书,帮助你了解从宇宙诞生、文明演变直至今日世界之形成的方方面面。

3. 工作技能成长
熊猫君家的经管类、家教类图书,指引你更好地工作、更有效率地生活,减少人生中的烦恼。

每一本读客图书都轻松好读,精彩绝伦,充满无穷阅读乐趣!

认准读客熊猫

读客所有图书,在书脊、腰封、封底和前后勒口都有"读客熊猫"标志。

两步帮你快速找到读客图书

1. 找读客熊猫

2. 找黑白格子

马上扫二维码,关注"**熊猫君**"
和千万读者一起成长吧!

读客激发个人成长，认准熊猫君logo！

成长是具体的，任何一本读客的书，总会给您带来可以感知的成长。

读客从三个方面给您精心挑选图书，帮助您实现：

[知识结构成长+精神成长+工作和生活技能成长]

1. 知识结构成长

熊猫君专家的原创类作品，致力于挖掘中国传统文化，带你深入灿烂的中华文化传统。

《藏地密码》
一部关于西藏的百科全书式小说！

《清明上河图密码》
隐藏在千古名画中的阴谋与杀局！

《半小时漫画中国史》
其实是一本严谨的极简中国史。

2. 精神成长

熊猫君专家精彩绝伦的外国小说，帮助你成为永远充满梦想、勇气和爱的人！

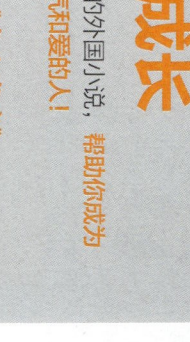

《岛上书店》
每个人的生命中，都有无比艰难的那一年，将人生变得美好而辽阔。

《无声告白》
我们终此一生，就是要摆脱他人的期待，找到真正的自己。

《漫长的告别》
怪不得村上春树读了12遍！每每陷入困境，村上春树便打开《漫长的告别》！

3. 工作和生活技能成长

熊猫君专家的经管类、家教类图书，指引你更有效率地工作，更好地生活。

《领导力21法则》
追随这些法则，人们就会追随你。

《摩根财团》
关于华尔街，读这本就够！

《自由的孩子最自觉》
听闻身旁过好老师，实操性、实操性，还是实操性！

多年以来

千千万万有经验的读者都会定期查看读客熊猫君家的新书目录，因为他们亲身体验到"读客激发个人成长"是他们的感受。

雷军 小米创始人
经常在多看上买读客的书。《银河帝国》《丝绸之路》《曾国藩》《知行合一王阳明》《暗杀大师》等都是非常好的书，是读客的一贯品质。

周鸿祎 360公司创始人
读客文化的《暗杀大师》系列我是一直追着看。另外，每次路过机场书店都观望一下读客出品的有·福来样新书出来没有。

柳传志 联想集团名誉主席
我曾看过《感觉地球》，觉得写得好，推荐给朋友看，后来就常一些读客出版的书来看。

罗振宇 得到App创始人
不觉买了很多熊猫君家的书，熊猫logo的书，后来发现《银河帝国》都是出自读客！自己不知不觉参与了"读客文化"。

南派三叔 《盗墓笔记》作者
作为国内文化公司的优秀代表，读客文化一直是我关注的对象。

史航 知名编剧
读客出版过不少好书，我最喜欢的是他们出版的《古龙文集》。

严锋 复旦教授
读客引进的科幻小说像《沙丘》《银河帝国》都非常经典，期待以后能出版更多好书，激发更多人来读科幻。

刘慈欣 《三体》作者
读客对科幻有很深的理解，他们出版的国内外科幻小说，有着独到的眼光。不管你是对科幻感兴趣，读客的科幻书都值得一读。

尹建莉 中国家教领军人物
读客在家教类图书和童书方面也代表福利，给广大的家长和小朋友送来了解越忠实。

读客文化 熊猫君
大多数读者都是偶然从一本书了解到读客的，然后就成了我们的粉丝，越了解越忠实。

柳传志 联想集团名誉主席
读客文化，一直努力寻求思想和趣味的结合，在文化的可读性和书的深刻性之间，探索出一条受人欢迎的价值之路。

俞敏洪 新东方董事长
读客的书，阅读体验不错，或是有趣味，但都能从书中读到价值。

张绍刚 《吐槽大会》主持人
读客，以新概念和系统，让伟大作者的作品在今天重新勾起读者的阅读兴趣。

梁小民 著名经济学教授
读客文化，围绕这两个原则出版了很多好书：一是有意义，二是有趣味，让你得到人生的启示。读书从读客开始，越来越高兴。

南派三叔 《盗墓笔记》作者
尤其是他们大头云系列的小说文库，不仅给我带来了不尽的阅读享受，也给我的写作助益良多。

冯绍峰 著名演员
你读什么书，就会成为什么样的人。读客出版了很多经典好书，推荐给大家。

如果你不知道读什么书，就关注"书单来了"微信号。

世界上所有伟大成就的书，这里！
1. 这5本小说浓缩了世界长度知识
2. 5本适合零碎时间他读的书
3. 等孩子长大了，一定会感谢他看过这5本书
4. 这5本书，让你秒懂经典之什
5. 我要读什么书，才能让我的内心强大？

关注书单来了微信号，即可得相关书单
微信号：shudanlaile

零食大概，及读书的人都关注了！